# 追望大道

ZHUI WANG DA DAO

陈论道 画传

陈光磊 陈振新 著

复旦大學出版社

著名语言学家、社会活动家陈望道教授(1891—1977年)

马克思、恩格斯著《共产党宣言》
1848年德文版书影

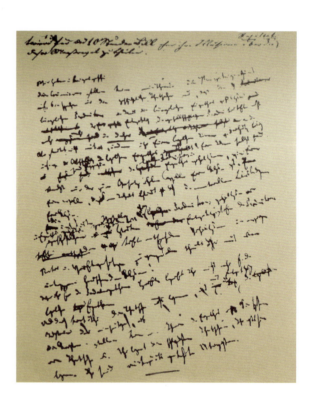

马克思、恩格斯著《共产党宣言》手稿

1920年8月陈望道翻译出版马克思、恩格斯著《共产党宣言》中译本书影

1920年翻译《共产党宣言》时年仅29岁的陈望道

100 年前陈望道在浙江义乌分水塘柴屋首译《共产党宣言》场景

陈望道（油画，周方白绘）

位于复旦大学望道路一侧的陈望道塑像

位于复旦大学陈望道旧居内《真理的味道》铜塑像

2018年的国福路51号陈望道旧居外景

# 目 录

## 序章 望道路

## 第一章 求 道

小山村里的大故事 ... 006
父亲的开明和母亲的仁爱 ... 012
读四书五经，练武当拳术 ... 020
从绣湖书院到之江大学 ... 022
东渡扶桑 ... 028

## 第二章 播 道

"五四"钱江潮 ... 036
翻译《共产党宣言》 ... 042
编辑《新青年》 ... 048
在"开天辟地"的日子里 ... 052
上海地方党组织的第一任书记 ... 056

为妇女解放呼号 ...................................................062

春天的快乐 .......................................................064

## 第三章　履　道

学术多面手，古今中外法 ...................................074

白话作文法的第一部 ...........................................082

中国现代修辞学的奠基者 ...................................084

站在鲁迅一边为新文艺而战 ...............................088

"大众语"论战 ...................................................092

《太白》：灿烂的星光 .......................................096

发动文法革新，提倡功能学说 ...........................100

"孤岛"上的"中国语文展览会" .......................108

"普通话"定义的推敲与斟酌 ...........................112

高校中最早成立的语言研究中心 .......................118

接任《辞海》总主编 ...........................................122

生命不息，攀登不止 ...........................................124

## 第四章　师　道

在上海大学 .......................................................130

出任中华艺术大学校长 .......................................134

桂林山水间的新文化波澜..........138

"上海的抗大"..........144

嘉陵江畔风和雨..........148

"记者之师"..........154

不教学生做绵羊，要教他们做猴子..........164

驱走黑暗，争取光明..........170

倡导新的学风和校风..........174

复旦园里一园丁..........182

# 第五章 存 道

大家都称他"望老"..........196

"我信仰马克思主义"..........212

秋天的喜悦..........218

深情怀念周恩来..........224

在党旗下安息..........228

典型永存..........232

重印后记..........243

# 追望大道

ZHUI WANG
DA DAO

## 序章

# 望道路

大道之行也，天下为公。

——《礼记·礼运》

我信仰共产主义终身不变，
愿为共产主义事业贡献我的力量。

——陈望道

陈望道画传

序章 望道路

走进复旦大学校门近百步,你就会踏上一条横贯东西的"望道路"——以著名学者陈望道先生名字命名的校园大道。

陈望道先生于1920年9月走上复旦讲台,在复旦大学执教五十年,担任校长二十五年。把进入校园第一条东西走向的大路冠以"望道"之名,表达了复旦师生员工对这位德高望重老校长的深切缅怀和衷心景仰。

在望道路西南面花苑的草地上,耸立着陈望道先生的半身铜像。先生铜像坐西朝东,正可以凝望着太阳每天从东方升起:这也正是"日月光华,旦复旦兮"的校园文化精神的生动象征。

望道先生铜像的褐红色基座上镶嵌着这样的铭文——

陈望道(1891—1977),浙江义乌人,我国早期传播马克思主义思想的先驱,著名的爱国人士,杰出的教育家和语言学家。他翻译了《共产党宣言》第一部中文全译本,参与中国共产党的创立,他一生追求民主、科学、进步,是我国新文化运动史特别是语文革新运动史上的倡行者。他是新中国成立后复旦大学首任校长,为弘扬教育事业、培育栋梁之材、树立优良学风、倡导学术研究、爱护复旦师生而倾注了毕生心血。

诚然,陈望道先生在20世纪中国的革命史、学术史、教育史上都据有光荣的地位。先生为追求真理而不屈奋斗的一生,正是由他的革命活动、学术研究、教育事业相交织组合而成的一幅壮丽的画卷。

# 追望大道

ZHUI WANG DA DAO

# 第一章 求道

> 男儿志兮天下事，但有进兮不有止。
>
> ——梁启超

山村少年陈望道，
感受到时代的风雨，
怀抱着"教育救国""实业救国"的志向，
迈出乡关，东渡扶桑，
求索着富民强国的济世之道。

# 01 小山村里的大故事

陈望道，1891年1月18日（清光绪十六年腊月初九）诞生在浙江义乌县河里乡分水塘村。

分水塘村是一个仅有十五亩地的小山村，在义乌的西北，离县城（稠城）约有四十里。它四面环山，山水相依；村前有一潭水塘，水流两分而去：一路向西北流入浦江县城，一路往东南流入义乌县城。分水塘即此而名。

峰青波绿分水塘，景色秀丽小山村——这就是哺育陈望道成长的故乡。

分水塘村的田地大多在山梁上，耕作艰辛，那时村民们还常得翻山越岭靠卖柴谋生。陈望道的祖祖辈辈就耕种于斯，生存于斯。至祖父陈孟坡，在农作的同时，兼营靛青（一种染土布的染料）的制作和买卖，他精于技艺又善于经营，逐年积攒了一些家产。父亲陈君元继承家业，克勤克俭，操持多年，购田置屋，家道达于小康，并于1909年盖起一栋楼房，栋梁门窗也颇有雕饰——往昔，曾被抗日游击战士称为"革命的房子"；现在，又成为了历史文物"陈望道故居"。

原来分水塘村虽小，但地势险要，在军事上是个制高点，是金华到浦江的必经之地，这样就成了兵家的战略要冲。1942年5月日本侵

《共产党宣言》第一个中译本诞生的地方——浙江义乌分水塘陈望道故居

义乌分水塘村陈望道故居内景

义乌分水塘村陈望道故居外景

义乌分水塘村陈望道故居正面(1990年代)

略军占领义乌,党领导组建的抗日游击队第八大队和坚勇大队就在这里开辟根据地,抗击日寇,很有声势。分水塘村就是抗日游击队的活动据点,陈家的楼房也就成为游击战士们经常落脚的地方。抗日志士以"革命"称誉此房,自然是因为他们知道楼房主人家有这么一段革命事迹——

1920年春天，陈望道在经历了"五四"新文化运动中浙江第一师范学校的风潮后回到分水塘，在家里潜心完成了国际共产主义运动第一个纲领性文献《共产党宣言》全部的中文翻译，为中国革命引进了马克思主义的火种。

相传：

陈望道回到家乡就在宅旁的一间僻静的柴屋里翻译这部文献。柴屋年久失修，破陋陈旧，里面还堆着些杂物和柴禾。他搬来一块铺板，两条长凳，架起来既当书桌又当床。山村的春寒依然冷得刺骨。陈望道足不出户，专心致志地译书，就连一日三餐和茶水等也都是由老母亲亲自给他送来。夜间，在昏黄的油灯下继续工作。母亲见他日夜不停地辛苦着，人也消瘦了，十分心疼。老人家想让他补补身子，就特地弄来糯米包了粽子送来给他吃，还加上一碟当地盛产的红糖。过了一会儿，母亲在屋外高声问他，还要不要再添些红糖，他连声答话："够甜够甜了。"待到母亲进来收拾碗碟，只见他满嘴的墨汁，不禁哈哈大笑。原来陈望道全神贯注于译书，整个身心都在字斟句酌上，竟把墨汁当做红糖蘸着吃粽子也全然不觉！事情一经母亲点明，他自己也不好意思地笑了。

这个蘸墨汁吃粽子的故事，一直在分水塘村里流传着。

今天，人们瞻仰"陈望道故居"，自然会怀着这样的敬意：这里是《共产党宣言》第一个中文译本诞生的地方！

浙江义乌分水塘陈氏宗谱

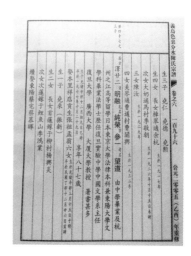

记载在陈氏宗谱中的陈望道简历

陈望道的儿子陈振新教授夫妇1991年瞻仰分水塘故居时留影

100年前陈望道在浙江义乌分水塘柴屋首译宣言场景再现

## 02 父亲的开明和母亲的仁爱

陈望道的父母生育了三男两女：长子名明融，字参一，考名望道；大女儿漱白（又名华英）；二女儿漱青（又名富英）；次子名明齝，字贯一，考名伸道；幼子名明翻，字精一，考名致道。在宗谱上，三兄弟属"明"字辈。

父亲君元先生出生于世代农耕之家，在他手上家业兴旺发达，在乡邻间颇有些声望。他是武秀才，识字不多，却思想开明，并不要求子孙留在身边继承家业，倒是宁愿变卖田产让他们走出山村去求知问学，不仅送三个儿子上了大学，而且不顾村上守旧派的非议，毅然将女儿也送到县城女子学校去读书。同时，他又常教育子女必须参加田间劳动，说：你们若不参加劳动，就连粮食是从天上掉下来还是地里长出来的这样简单的道理都不知道。他对子女督教甚严，既要他们知书达礼，又要他们保持农家本色。

母亲张翠馆是个农家女子，相夫教子，治家有方，是典型的贤妻良母。她性情温和，乐善好施，对穷人弱者富有同情心。每当开春，村上一些

1920年,陈望道母亲张翠婠在分水塘故居天井内留影

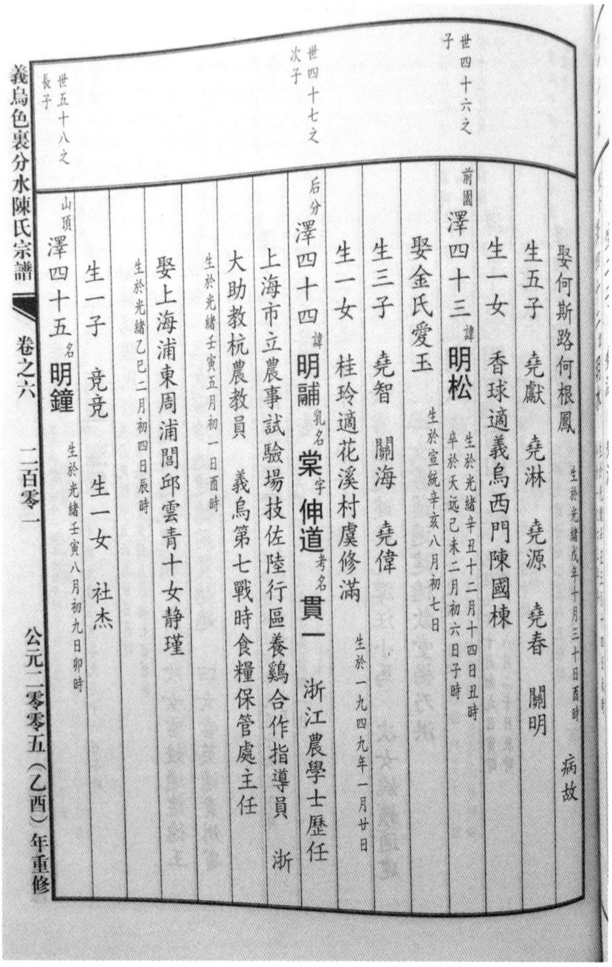

世四十六之子
世四十七之次子
世五十八之長子

娶何斯路何根鳳 生於光緒戊年十月三十日酉時 病故
生五子 堯獻 堯淋 堯源 堯春 關明
生一女 香球適義烏西門陳國棟
前園 澤四十三 諱 明松 生於光緒辛丑十二月十四日丑時 卒於天匹己未二月初六日子時
娶金氏愛玉 生於宣統辛亥八月初七日
生三子 堯智 關海 堯偉
生一女 桂玲適花溪村虞修滿 生於一九四九年一月廿日
后分 澤四十四 諱 明誧 乳名 棠 字 伸道 考名 貫一 浙江農學士歷任
上海市立農事試驗場技佐陸行區養鷄合作指導員 浙
大助教杭農教員 義烏第七戰時食糧保管處主任
生於光緒壬寅五月初一日酉時
娶上海浦東周浦閭邱雲青十女靜瑾
生於光緒乙巳二月初四日辰時
生一子 竟竟 生一女 社杰
山頂 澤四十五 名 明鐘 生於光緒壬寅八月初九日卯時

義烏色裏分水陳氏宗譜 卷之六 二百零一 公元二零零五（乙酉）年重修

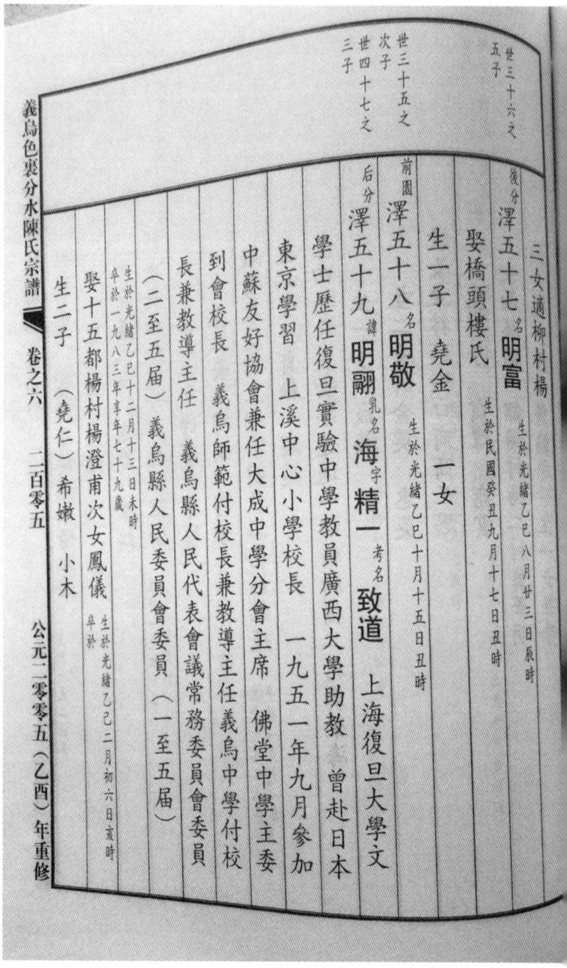

世三十六之五子
世三十五之次子
世四十七之三子

三女適柳村楊
後分 澤五十七 名 明富 生於光緒乙巳八月廿三日辰時
娶橋頭樓氏 生於民國癸丑九月十七日丑時
生一子 堯金 一女
前園 澤五十八 名 明敬 生於光緒乙巳十月十五日丑時
后分 澤五十九 諱 明翮 乳名 海 字 精一 考名 致道 上海復旦大學文
學士歷任復旦實驗中學教員廣西大學助教 曾赴日本
東京學習 上溪中心小學校長 一九五一年九月參加
中蘇友好協會兼任大成中學分會主席 佛堂中學主委
到會校長 義烏師範付校長兼教導主任義烏中學付校
長兼教導主任 義烏縣人民代表會議常務委員會委員
（二至五屆） 義烏縣人民委員會委員（一至五屆）
生於光緒乙巳十二月十三日未時 卒於一九八三年享年七十九歲
娶十五都楊村楊澄甫次女鳳儀 生於光緒乙巳二月初六日亥時 卒於
生二子 （堯仁） 希嫩 小木

義烏色裏分水陳氏宗譜 卷之六 二百零五 公元二零零五（乙酉）年重修

义乌陈氏宗谱中有关陈望道两个弟弟陈伸道、陈致道的简历记载

義烏色裏分水陳氏宗譜 卷之六

長子 世七十七之 生一女 幼女碧玲適西陳村陳祥有

前圖 澤六十 名明椿 字初新 號瑞卿
生於光緒丙午正月十八日子時
娶王氏
生於民國癸丑正月十八日辰時
生一子 堯鑫

后分 澤六十一 諱明忠
生於光緒丙午四月初四日午時
娶水碓張氏金芝
生二子 堯森 堯弟
生五女 長女美菊適先塘張闢根 三女美芳適村明根 四女美蘭適何斯路何炳月 五女美琴適本村闢慶

山頂 澤六十二 名明槽
娶賈氏
生一子 楊村

復分 澤六十三 名明論

長子 世四十二之 子 世五十九次

義烏色裏分水陳氏宗譜 卷之六

生二女 長女賽蘭適東陽郭深
生二子 長大健 思慶 陳紅
次女桂仙適于祥店張至榮
生二女
繼娶東陽南上湖中明秋二女呂錦蓮
生於一九二一年
生四女 長女小蓮適一都楊村楊二村龔榮海
生二子 躍進 肖松
生二女 巧娟 巧芳
生二子 守寶 小寶
三女西林適一都楊村楊二村龔華明
次女東林適殿口商商正思
生二女 金英 惠英
生二子 成義
生一子 商煒 商雲
生一子 龔韜
生一女 龔珍
生於一九二八年
生於一九九一年

公元二零零五(乙酉)年重修

义乌陈氏宗谱中有关陈望道小弟陈致道简历记载（续）

母亲的仁爱家教方式给陈望道以很大的影响,他的弟子倪海曙回忆说:"先生是个极其慈爱的人,特别对孩子和青年。蔡葵师母说,他一生几次跟邻居吵架,都是为了邻家打孩子,他去干预。我真觉得无法想象。先生住在福明村的时候,同住的人家有两个小女孩,好像是双胞胎,先生上下楼梯看到她们,总是笑着给她们让路。孩子太小,还不理会先生的慈爱,倒是旁边的我,看了真是感动。"

穷苦人到他家宅地里偷挖竹笋，家里有人追赶，她就劝阻说："他们也是生活所迫，不得已的，挖去就挖去吧，只当我们送他们就是了。"逢年过节，或者遇上灾难，她总是慷慨接济穷苦的乡邻，所以深受村民的敬重。尤其让人感佩的是，在那样的时代，她坚决反对棍棒教育，对自己的子女从不打骂，甚至不能容忍别人家打孩子。她常自豪地说：我一生从不打骂子女，但他们个个成材，都有出息。的确，除了长子望道尤其杰出，次子伸道毕业于浙江大学，长期任教于宁波，任鄞县人民代表、政协委员；幼子致道毕业于复旦大学，解放后长期担任义乌中学校长、义乌县政协委员。

母亲的仁爱也滋润着陈望道他们的心田。

陈望道与小弟陈致道（右一）、大女儿陈秀莲（左一）及其家人合影

陈望道一家与大弟陈伸道（左一）、弟媳闫邱静瑾（左二）及其子女合影

## 03 读四书五经，练武当拳术

> 从六岁起一直到十六岁，就在村上的私塾里跟随张老先生攻读四书五经等传统书籍，并从人学习拳术，课余并参加各项田间劳动。
>
> ·陈望道自述·

读私塾，练拳术，干农活：这是陈望道少年儿童时期生活的主题词。

陈望道自幼聪慧灵敏，勤奋好学，在私塾里学业总是名列前茅。塾师张老先生在课堂上每每发现他似乎在思考别的什么问题，有点心不在焉的样子，就点名向他提问，而他总能对答如流，显示出出众的记忆力和理解力。逢到考试，一般同学都忙于紧张复习，他和平时一样照玩、照干自己的事，而成绩总是优秀。他说：读书要靠平时用心，岂能临时抱佛脚？至于他的作文，尤其受到老师的赏识，几乎每篇文章先生都用朱红笔画上许多圈圈加以赞许。

白天读书，或者干活儿，夜晚就在村里场地上练习拳术。那是由拳术师傅教一伙青少年打拳以及使棍抢棒、弄刀舞剑等武功，犹之乎现在

陈望道速写像（张乐平速写于 1949 年 6 月）

的体育课。此系武当拳术，练功十分艰苦。陈望道禀赋高，领悟快，很中拳师的法眼，甚至提出要把他带到山上去传承武当衣钵。这当然是不可能的，家里人和他自己都没有答应。少年陈望道有着更高远的志向，他说练武的目的一是健体护身，二是强国兴邦。少年时代练就的武功，使他在中年时代能敏捷地甩掉特务的盯梢，他能从数步之外一跃而坐上人力车，又能纵身跳过一两张桌子。直到晚年，他依然背不驼，腰不弯，站立如松，端坐如钟，仪态庄重，更显出他年高德劭的风范。

## 04 从绣湖书院到之江大学

陈望道出生的年代，正值中国遭受帝国主义列强的侵略宰割，一步一步陷入半殖民地半封建社会的境地，同时，中国人民奋起反抗，展开了反帝反封建的英勇斗争。

少年陈望道感受到时代的风云，他关心着国家民族的命运，渴望自己能学到更多的知识和本领，用于强国兴邦。十六岁那年他就离开了山村，进义乌县城的绣湖书院求学。学了一年，他又回到分水塘村，抱着"教育救国"的想法，认为"要使国家强盛起来，首先要破除迷信和开发民智"。于是，他就同村上一些青年人兴办村校，教育村童；同时，还动手砸庙宇毁神像——想用这种激进的做法来解除套在民众身上的精神锁链。

青年陈望道总是感到自己知识的不足。于是，十八岁那年再次离别家乡考入金华的浙江省第七中学（金华中学）继续求学。他说过，自己"当时有兴实业，重科学，希望国家富强的思想"。正是这种"实业救国"思想激励着他在第七中学发奋学习数理化等新知识，并获得优异的成绩；又是这种思想驱使陈望道急于想赴欧美留学，去学习先进的现代科学技术，

陈望道在此读过书的义乌绣湖书院，今已成为义乌绣湖小学

青少年时代的陈望道曾与同学们一起来绣湖古塔前散步谈心

1964年陈望道（右二）回义乌时在绣湖塔前留影

1964年，陈望道在杭州大学讲学

那时候他"以为欧美的科学发达，要兴办实业，富国强民，不得不借鉴欧美科学"。这样，他在第七中学读了四年就赶快地肄业了。

离开金华，他即先往上海在一所补习学校补习了一年英语，然后进浙江之江大学攻读英语和数学，努力为赴欧美留学作学业上的准备。在之江大学就读期间他一连发表了几篇讨论数学问题的文章。

最后，因为限于当时的一些条件，陈望道没去成欧美，便决定就近自费去日本留学。父亲君元老先生想到出洋留学得准备着"大洋一簸箕一簸箕地往外倒"，这要折卖多少田产啊！他迟迟没有回应儿子的要求。儿子也没说什么，只是抄录了李白"天生我材必有用，千金散尽还复来"的诗句贴在墙上。父子俩就这样僵持了几天，后来君元老先生的态度有些松动，陈望道就进一步说服老人家，并一再表明心迹："自己愿做一个无产者，将来决不要家中一分田地和房产。"儿子的志向和抱负打动了父亲，他答应尽力支持儿子去实现自己的理想。

1964年5月,陈望道在义乌受到故乡子弟的热烈欢迎

解放以后,之江大学的有关系科分别转入杭州的其他高校,图为陈望道故地重游时的情景

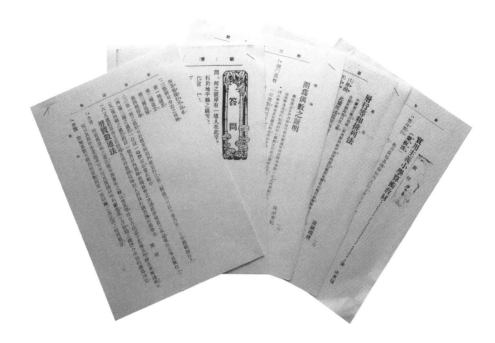

1913—1914年陈望道在之江大学就读时发表的5篇数学文章,署名陈融

1964年4月19日,陈望道在杭州大学中文系演讲结束后与中文系老师合影(二排右五为陈望道)

## 05 东渡扶桑

1915 年初，陈望道到达日本东京。

他先在"日华同人共立东亚高等预备学校"补习、进修了一段时间的日语。

1916 年 9 月至 1917 年 5 月在早稻田大学读法科。

1917 年 9 月至 1918 年 3 月，作为"听讲生"在东洋大学印度哲学伦理学科就读。

同时，他还在东京物理夜校攻读数理课程。

1919 年 7 月 6 日毕业于中央大学法科（第三十四届），获法学学士学位。——按中央大学学制，这一届毕业生是 1916 年入学的，但因该校学籍簿烧毁于日本大正十二年（1923 年）关东大地震，故无法考查陈望道入中央大学的年月。

留学期间，陈望道如饥似渴地发奋攻读，修习各种专业知识。刚开始时，几乎从自然科学到社会科学无不涉猎，后来才逐渐转向社会科学。或许这同他自己所说"非常关心当时的政治"有关吧。

陈望道就读的日语进修学校校舍

在他离别祖国的 1915 年，袁世凯篡夺了辛亥革命的成果，实行独裁卖国政策，冒天下之大不韪，策划复辟帝制而悍然接受日本提出的灭亡中国的"二十一条"条约。关心祖国命运的中国留日学生立即对袁世凯进行声讨并开展各项爱国活动。陈望道积极投身于这些活动。

1917 年，俄国爆发了震撼世界的十月革命，这自然也在日本产生了巨大影响，日本文化思想界的一些进步学者致力于马克思主义学说的翻译、介绍和传播，进行社会主义的宣传。这时候，陈望道结识了日本著

日本学者河上肇

河上肇撰写的《资本论入门》《社会主义评论》等著作，给陈望道以很大影响

名学者河上肇（京都帝国大学教授、早稻田大学兼职教授）和山川均（从事编辑出版的社会活动家）等人，很爱读他们介绍马克思主义的翻译论著，并且在新思潮的影响下"同他们一起积极开展十月革命的宣传和马列主义的传播活动，热烈向往十月革命的道路"。就这样，陈望道开始接受马克思主义的学说和共产主义的思想。

中国留日学生和侨商反对袁世凯称帝的宣言

俄国伟大的十月革命,促进了马克思主义理论在东方的传播

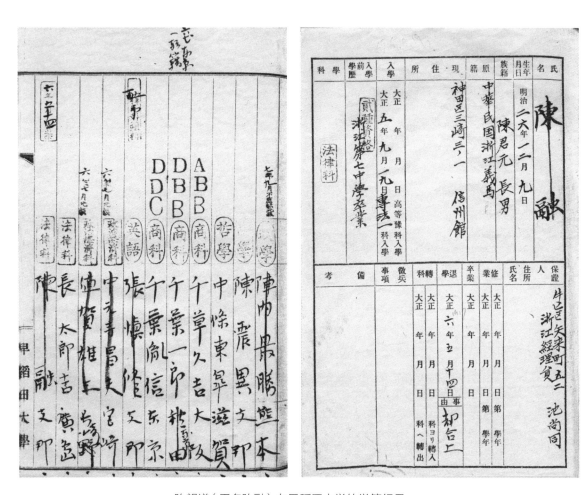

陈望道（用名陈融）在早稻田大学的学籍纪录

學生雜誌

(a)爲法乘商所得者自實減(a)得(b)法乘第二商得(c)自(b)減(c)得(d)。依此法推上(o)(p)與(b)(c)同形故其數循環若斯推之不論法實如何必起循環起自何數則因法實以異也由上法所得更表之如次

$$47\frac{50}{60} \div 1\frac{25}{60} = 33 + \frac{45}{60} + \frac{52}{60^2} + \frac{56}{60^3} + \frac{28}{60^4} + \frac{14}{60^5} + \frac{7}{60^6} + \frac{3}{60^7} + \frac{31}{60^8} + \frac{45}{60^9} + \frac{52}{60^{10}} +$$

以十進法求之則得如左

$$47\frac{5}{6} \div 1\frac{5}{12} = 33.7647058823529411$$

故自吾人視之繁瑣不若十進法之便然巴比倫雖爲古代先進之邦以其不便數字用其不便算法繁瑣不厭舉凡記數盡依此記（近代諸等數卽非十進法然數字較其楔形符號猶便多多）其故何在已莫可測意者亦有神話存乎其間歟

## 數學上四種定理型式之關係

留日早稻田大學學生 陳參一

定理型式云者其式爲凡定理之形諸語言文字者之所同一若先有是型而一切形諸語言文字之定理所由以出者因假以爲名術實則由諸具體數學定理內籀抽象始得是型非由是型外籀演繹而得具體數學定理也論其關係須涉名理往往爲學數學者所目以爲難而不此之先知其於推理又往往推其所不可推而不

學藝　數學上四種定理型式之關係　二十七

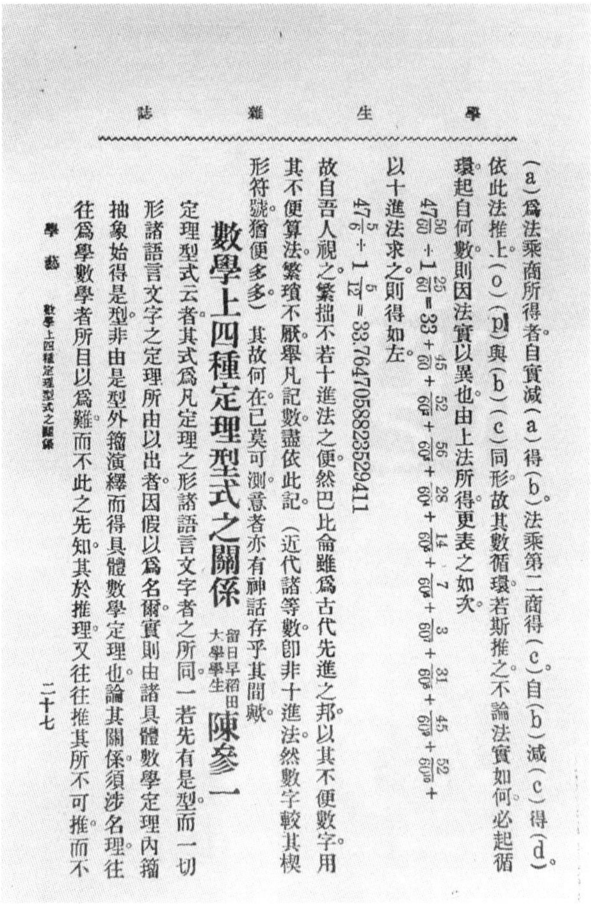

陈望道在日本留学期间所发表的探讨数学问题的论文

私立東洋大學生徒學籍簿

第 德種二一五二號 陳參一

| 氏名 | 本籍及戸主 | 生年月 | 入學年月 | 入學試驗 | 所屬科部 | 卒業年月 | 退學除名及理由 |
|---|---|---|---|---|---|---|---|
| 陳參一 | 中華民國浙江省義烏縣 父 陳菊堂 | 明治廿六年十二月九日生 | 大正六年九月廿六日 | 大正 年 月 日 | 部第 科第 年 | 大正 年 月 日 | 大正七年三月三十日 除名 |

族籍：　職業：農

| 住所 | 入學前ノ學歷 | 徵兵猶豫證明書交附 | 保證人 |
|---|---|---|---|
| 神田區小川町四一 大成館內 | 民國元年浙江第七中學校卒業 | 大正 年 月 日 號 | 赤坂區靈南坂町一三 留日學生監督 彭濟鵬 |

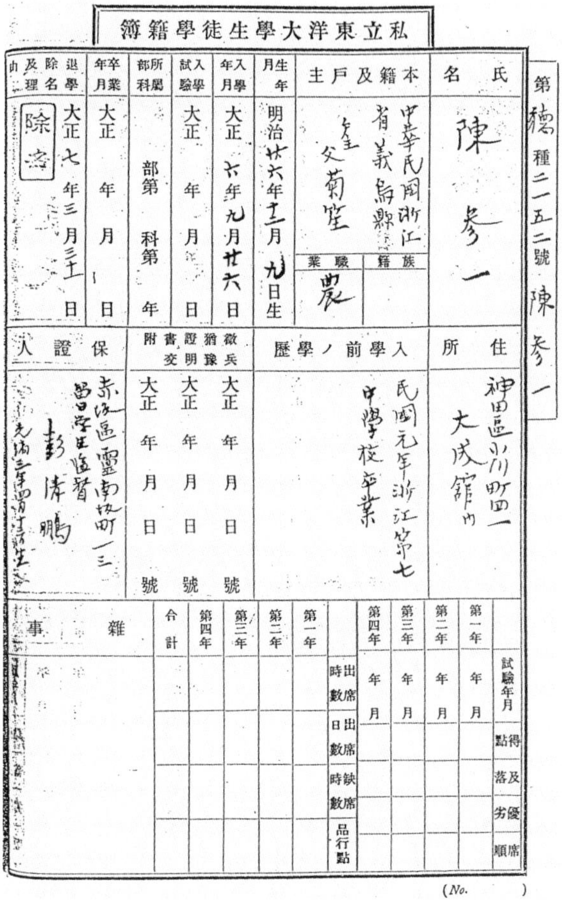

陈望道（用名陈参一）在东洋大学的学籍登记

# 追望大道

ZHUI WANG DA DAO

# 第二章

# 播道

中国产生了共产党,这是开天辟地的大事变。

——毛泽东

青年陈望道,
他为"开天辟地"的事业作前驱,
贡献了《共产党宣言》第一个中译本,
向苦难深重的中华民族
播撒着谋求解放的社会革命之道。

## 06 "五四"钱江潮

1919年的"五四"运动,开启了新民主主义革命的伟大时代。

呼应"五四"运动的感召,陈望道在日本中央大学一毕业,就立即于1919年7月起程返回祖国。

1919年8月10日上午,杭州秦丰旅店——陈望道下榻处。

浙江省第一师范学校校长经亨颐前来会晤陈望道。这已是经校长第二次来访了。陈望道十分敬仰这位思想开明、倡导革新的教育界前辈;经校长也非常赏识青年陈望道的学识和才华,邀请他到浙江一师任教。这样,1919年秋季开学,陈望道就到一师任国文教员。

浙江一师是当时浙江最大的一所高等学府。经亨颐于1913年就出任校长,很有声望,主持校政,名师云集,沈钧儒、张宗祥、沈尹默、夏丏尊、李叔同、刘大白、俞平伯、叶圣陶、朱自清等名家都先后在此执教。

经校长采取与时俱进的办学方针,努力顺应时代潮流。学校采取了一系列的革新措施,其中影响最大的两项是:学生自治和国文教学改革。国文教学改革是由陈望道与刘大白、夏丏尊、李次九四位语文教员——

浙江省立第一师范学校的校牌和大门

浙江一师教学楼

被称为"四大金刚"——发动和推行的，内容包括：一、"国语科的教授，一律改用白话"；二、传授注音字母，为普及白话的必然要求；三、出版国语丛书，如《新式标点用法》《国语法》《注音字母教授法》等。他们选用鲁迅《狂人日记》等新进作品的白话文做教材；在教学法上提倡"学生自己研究，教员处指导的地位"。这种对以背诵和模仿为能事的旧传统的教育方式作猛烈冲击，在当时的确是令人震惊的！

陈望道还支持和参加本校师生编辑的多种张扬新思潮的刊物，其中以《浙江省第一师范学校校友会十日刊》和《浙江新潮》最有影响。《浙

伟大的五四运动开辟了中国革命的新纪元

树立在浙江一师校园内的"一师风潮"纪念石

1920年3月,大批军警闯进浙江一师,将请愿示威的学生团团包围

江新潮》是由杭州五所学校二十多名青年学生组成的"浙江新潮社"刊行的,其中一师的施存统、俞秀松、傅彬然、周伯棣等和甲等工业学校的沈乃熙(夏衍)、汪馥泉等颇为活跃。《浙江新潮》第二期(1919年11月)发表了施存统写的《非孝》一文,竟引发了轰动全国的"浙江一师风潮"。

施存统是一个刻苦力行的学生,对母亲也是很孝顺的,他写《非孝》一文,意在反对不平等的"孝道",主张平等的爱。这下竟触动了封建卫道者们的神经,引起了社会保守势力的恐惧和憎恨。反动当局即命省教育厅查办一师,责令经亨颐校长开除《非孝》的作者,并借题发挥,以"非孝、废孔、公妻、共产"这种骇人听闻的罪名来撤职惩办陈望道等四位语文教员。这实际上是全盘推翻一师的教育革新,扼杀正在兴起的浙江新文化运动。经校长坚强不屈,抵制不办。反动当局就乘寒假之际,于1920年2月将经校长调离一师。这引起了一师师生的激烈反抗,师生赶回学校组织请愿,发表宣言,要求当局收回成命。可当局一意孤行,最后竟调动军警进驻学校,妄图强行驱散学生,停办学校。

1920年3月29日,当局竟增派军警至七八百人,要把学生一个一个地拉出校门,学生们就聚集在操场席地而坐以免被个别地拉走;至中午时分,全副武装的军警大批开到操场,将三百多名学生团团围困。学生们异口同声地说:"我们情愿为新文化运动作先驱的牺牲!"说时哭声四起。陈望道疾步走到学生中间,高声喊道:"同学们,我和你们永远在一起,你们不要哭。"接着他就带领学生跟军警展开面对面的斗争。这时有名学生跑到警长面前说:"你不肯牺牲五十元一月的薪俸来摧残我们,我却宁肯牺牲性命以全人格!"说着就拔起警长的指挥刀要自杀,被体育老师胡公冕奋力救下。陈望道就向军警大喊道:"学生被逼得要自杀了,你们还不赶快后退。"操场上的哭声震天,悲痛凄怆,连警察们也不禁落泪了,

浙江一师校长经亨颐

和陈望道等人并称"四大金刚"的刘大白

因撰写《非孝》引发"一师风潮"的施存统

警长只得下令撤退三尺。……

浙江一师师生们高举"五四"运动大旗的英勇斗争，得到全国各地各界的广泛声援和支持，连梁启超、蔡元培等人都致电浙江省当局告诫不能"压迫过甚"。迫于情势，浙江当局只能接受调停，收回成命，不予查办"四大金刚"和调换经校长。进步力量胜利了！

不久，经亨颐和陈望道等人相继离开一师，各自去揭开生活的新的一页。

浙江一师《校友会十日刊》和《浙江新潮》均为"五四"时期浙江的著名进步刊物

四十多年以后，陈望道（前排右二）回浙江讲学时与杭州大学教授陈建功（前排左二）等合影

# 07 翻译《共产党宣言》

陈望道英勇地挺立于"五四"钱江潮潮头的奋斗气概，引起了中国文化思想界对他的瞩目。

就在这时，上海《星期评论》社来函约请他翻译《共产党宣言》一书，打算在本刊上连载。

1920年4月初，春回大地。义乌分水塘村，陈望道家柴屋。

"有一个怪物，在欧洲徘徊着，这怪物就是共产主义。"——陈望道埋头于《共产党宣言》的翻译，他开笔写了对《宣言》第一句的译文。

《共产党宣言》是马克思、恩格斯所著国际共产主义运动第一个最重要的纲领性文献，内容博大精深，表述文采飞扬，要把这些都通过中文确切地传达出来，是非常不容易的！诚如恩格斯所言，"翻译《共产党宣言》是异常困难的"。陈望道知难而进。他依据陈独秀从北大图书馆取来的英文本和戴季陶提供的日文本进行翻译，经历了一个个苦苦攻关的日日夜夜，《共产党宣言》第一个中文全译稿终于在浙江义乌的一个山村里诞生了！时值春光烂漫的4月将逝之际。

马克思和恩格斯共同撰写的《共产党宣言》是科学社会主义的第一个伟大纲领,是马克思主义诞生的标志。图为1848年2月在伦敦出版的《共产党宣言》第一版的封面

翻译《共产党宣言》时的陈望道

不过，这一译稿因《星期评论》停刊未能及时发表。后于1920年8月，由上海社会主义研究社列为"社会主义研究小丛书"第一种首次刊行问世。此书一出版，就在社会上尤其是文化思想界引起热烈反响，受到广泛欢迎，初版千余册，旋即售罄，立时于9月重版。后来又一次一次地再版重印，成为国民党统治时期国内流传最广的一部马克思主义经典著作。

陈望道译《共产党宣言》是国内出版的第一部中文本的马克思主义经典论著，它的刊行，对马克思主义在中国的传播，对促进当时的先进知识分子接受共产主义，都产生了巨大影响。同时，也为中国共产党的创建提供了思想上理论上的准备。

胡乔木同志高度评价陈望道首译《共产党宣言》的历史性意义

陈望道翻译《共产党宣言》的第一个中译本的第二版

复旦大学图书馆珍藏的陈译《共产党宣言》1926年5月十七版的封面和版权页

陈望道说:"有一次,周总理亲切地问我:'《共产党宣言》你是参考哪一国的版本翻译的?'我回答说:'日文和英文,主要是英文。'周总理就用英文与我交谈。对《共产党宣言》英文版作了一些分析,和我商讨翻译上的一些问题,给了我很大的启发。"图为《共产党宣言》最早的两种英文版

毛泽东在《关于农村调查》一文中讲过:"记得我在 1920 年,第一次看到了考茨基著的《阶级斗争》,陈望道翻译的《共产党宣言》和一个英国人作的《社会主义史》,我才知道人类自有历史以来,就是阶级斗争史,阶级斗争是社会发展的原动力,初步地得到认识问题的方法论。"

## 08 编辑《新青年》

1920年4月下旬,《共产党宣言》译稿刚完成,陈望道接到《星期评论》社电报,特请他赴任该刊编辑。陈望道到了上海,在《星期评论》社会晤了编辑同仁戴季陶、沈玄庐、沈雁冰、李达、李汉俊等人。可是刊物突然遭当局查禁。于是,陈望道就应陈独秀之请任《新青年》编辑。

《新青年》杂志1915年9月由陈独秀在上海创刊,历经风雨,成为新文化运动向前推进的号角。"五四"运动以后,杂志又日益显示出传播马克思主义的趋向。这时,陈独秀要把《新青年》改组为马克思主义研究会的机关刊物,陈望道自然积极参与。这一改组在1920年9月即告完成。至1920年12月陈独秀去广州任教育厅长,他就将《新青年》的主编工作交给了陈望道。陈独秀12月26日离沪时给胡适和高一涵信中说:"弟今晚即上船赴粤,此间事已布置了当。《新青年》编辑部事,有陈望道君可负责……"

陈望道为主持《新青年》编辑工作,特地搬到杂志编辑部所在的法租界环龙路渔阳里2号(今南昌路100弄2号)来住。——这里原来是

1920年出版的第八卷第一号《新青年》杂志封面。从该期开始,《新青年》成为共产主义小组的机关刊物

位于上海环龙路渔阳里2号(今南昌路100弄2号)的《新青年》编辑部旧址

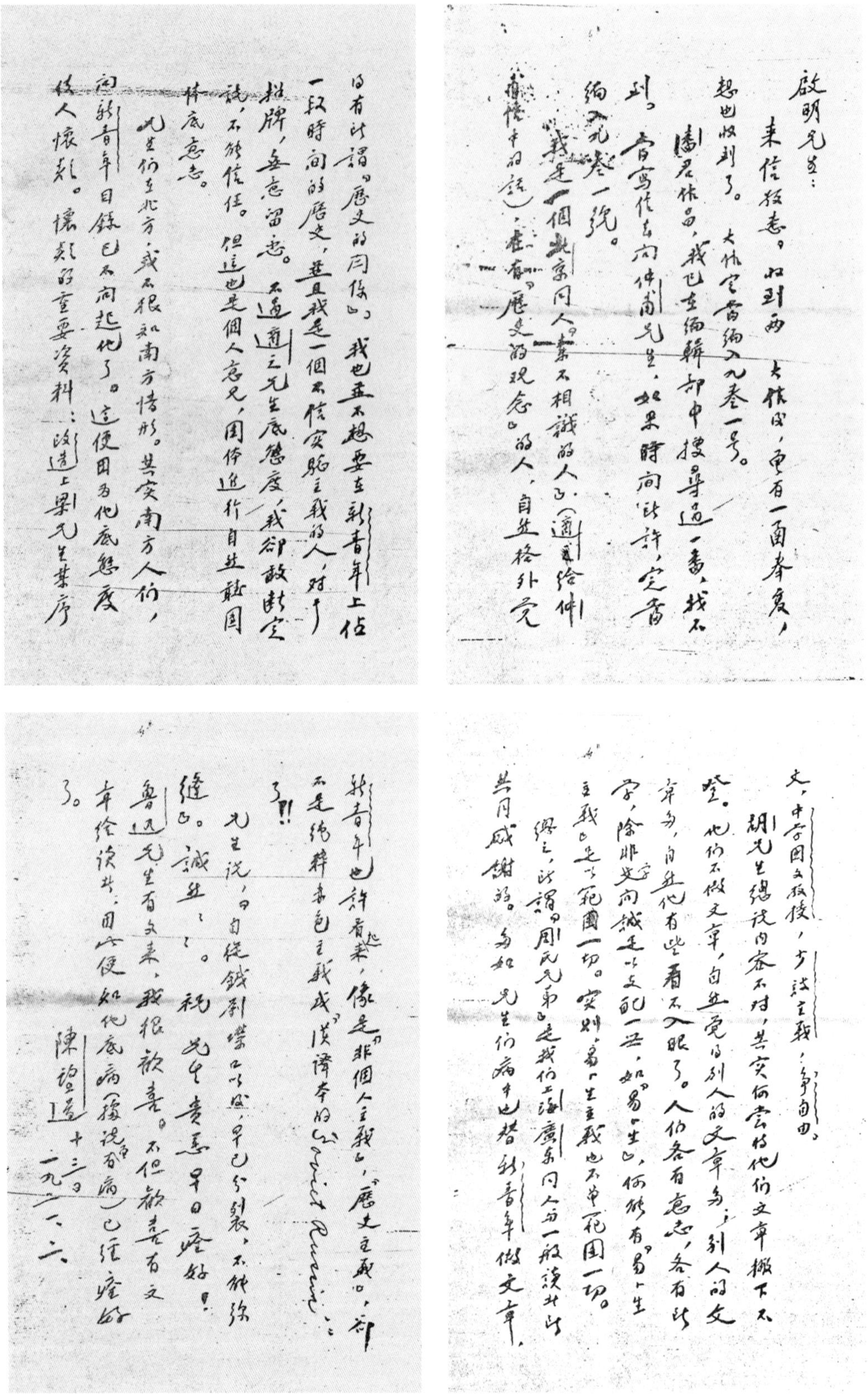

啟明兄鉴：

来信敬悉。收到两大作，更有一面奉复，想也收到了。大作定当编入九卷一号。

尊君作品，我已在编辑部中搜寻过一番，找不到。当写信去问仲甫先生，如果时间许可，定当编入九卷一号。

我是一个“与京同人素不相识的人”（适之给仲甫信中的话），素有“历史的观念”的人，自然格外完全没有所谓“历史的关系”。我也并不想要在新青年上占一段时间的历史，并且我是一个不信实验主义的人，对于招牌，无意留意。不过适之先生底态度，我却敢断定说，不能信任。但这也是个人意见，因适近作自然[illegible]彻底意志。

先生们在北方，我不很知南方情形。其实南方人们，向新青年日报已不向[illegible]了。这便因为他底态度使人怀疑。怀疑的重要资料：改适上梁先生某序文、中学国文教授、与谈主义、争自由。

胡先生总说内容不对，其实何尝将他们文章撇下不登。他们不做文章，自然觉得别人的文章多；别人的文章多，自然他有些看不入眼了。人们各有意志，各有所好，除非[illegible]向诚是[illegible]一些，如“易卜生”，何能有“易卜生主义”是个范围一切。实则“易卜生主义”也不能范围一切。总之，所谓“周氏兄弟”是我们上海广东同人和一般读者所共同感谢的。多如先生们病中也替新青年做文章。

新青年也许看起来，像是“非个人主义”，“历史主义”，却不是纯粹杂色主义或“浅译本的Soviet Russia”了!!

先生说，“自从钱刘[illegible]以后，早已分裂，不能弥缝”。诚然诚然。祝先生贵恙早日痊好！

鲁迅先生有文来，我很欢喜。不但欢喜有文来给读者，因此便知他底病（据说有病）已经痊好了。

陈望道 一九二一、一、十三日

陈望道在通信中驳斥了胡适反对《新青年》宣传共产主义的言论

陈独秀寓所，后成为党的机关所在地。

陈望道和李达、李汉俊等人一起为扩大《新青年》的马克思主义倾向而采取"树旗帜"的办刊方针，那就是陈望道所说："我们的做法不是内容完全改，不是把旧的都排出去，而是把新的放进来，把马克思主义的东西放进来，先打出马克思主义的旗帜。这样原来写稿的人也可以跟过来，色彩也不被人家注意。我们搞点翻译文章，开辟《俄罗斯研究》专栏，就是带有树旗帜的作用。"这样，既宣传马克思主义，又容纳、团结了思想主张不同的人们。

这样的办刊方针，遭到了胡适的反对：他表明自己"是一个实验主义的信徒"，主张"多研究些问题，少谈些主义"；他提出"另创"新刊物，"不谈政治"；他还提出把《新青年》"迁回北京编辑"，不要让它落在"素不相识的人的手里"。这"素不相识的人"就是指陈望道。同时，他又给陈望道寄了一张明信片，说自己并不是反对陈望道编《新青年》，只是反对把《新青年》用来宣传共产主义。

李大钊、鲁迅等人批评了胡适的言论，抵制了他的主张。陈望道也态度鲜明地表示："胡适先生口说不谈政治，却自己争过自由：我们颇不敢请教他了。""我是一个北京同人'素不相识的人'，……并且我是一个不信实验主义的人，对于招牌，无意留意。不过适之先生底态度，我却敢断定说，不能信任。"

事隔多年，有一次郑振铎沪上设宴招待文化界朋友，席间郑振铎介绍陈望道和胡适两位相识，胡适连声说："认识！认识！不打不相识嘛！"其实此前两人从未见过面。

陈望道主持《新青年》至1921年，始终坚持了旗帜鲜明而又团结多数的办刊方针。他为《新青年》创造了一段辉煌。

## 09 在"开天辟地"的日子里

"五四"运动以后，李大钊、陈独秀等一批先进的知识分子，在传播马克思主义学说的同时，也十分关注中国的工人运动，并进而产生和提出了组织"共产党"的想法和要求。

1920年春，共产国际代表魏经斯基到北京会晤李大钊，4月到上海会晤陈独秀，并同上海一批先进分子进行座谈，陈望道也参加了，谈的就是建党问题。

1920年5月，陈独秀、陈望道、李汉俊、李达、沈雁冰、邵力子等人在《新青年》编辑部天天碰头，讨论社会主义和中国社会改造问题，大家都觉得必须建立中国共产党，于是就先秘密组织起来，对外就叫马克思主义研究会。

1920年8月，马克思主义研究会（或称共产主义小组）在《新青年》编辑部正式成立。这是中国第一个共产主义小组。最早的成员有八位：陈独秀、李达、李汉俊、陈望道、沈玄庐、杨明斋、俞秀松、施存统。陈独秀为书记。

陈望道参与创办和编辑的《共产党》月刊和《劳动界》周刊

上海共产主义小组实际上担负起了成立中国共产党的发起组乃至筹备组的任务。陈望道作为这个小组的负责人之一，在党的创建活动中发挥了积极的作用。

陈望道除了参与和主持把《新青年》杂志改组为共产主义小组的机关刊物，还和邵力子一起把《民国日报》副刊《觉悟》变成了小组的外围刊物；他又翻译了《空想的和科学的社会主义》一书及《马克思底唯物史观》《唯物史观底解释》《个人主义和社会主义》等介绍宣传马克思主义的文章；他还对梁启超、张东荪等人反对马克思主义、鼓吹基尔特社会主义的言论进行批判；他参与《共产党》月刊（1920年11月始）和《劳动界》（工人周刊，1920年8月15日起）的创刊和编辑工作——这些都是为党的创建从思想理论上进行准备工作的一部分。

陈望道担任共产主义小组的劳工部长，在组织工人运动方面也做了许多工作。1920年5月1日，他和陈独秀、施存统共同发起和组织了"五一"国际劳动节的纪念大会，在上海老靶子路，即今武进路的空地上举行——

陈望道参与筹建的外国语学社旧址（今淮海中路 567 弄 6 号）

1921年7月23日，中国共产党第一次全国代表大会在上海召开。毛泽东说："中国产生了共产党，这是开天辟地的大事变。"

这是中国工人阶级第一次纪念自己的节日;1921年5月1日他又参与组织了"五一"纪念活动。1920年11月、12月,他直接参与筹建上海机器工会、印刷工会及纺织、邮电工会,他到沪西工人区宣讲劳工神圣和劳工联合;他参与社会主义青年团的筹建工作,1920年8月22日社会主义青年团成立,他也是负责人之一;他参与上海外国语学社(共产主义的干部学校)的活动——这些都是为党的创建从群众基础和干部培养上进行准备工作的一部分。

1921年7月23日,中国共产党第一次全国代表大会在上海召开,宣告了党的正式成立。陈望道是上海地区推选出的"一大"代表。可是,他却没有出席党的"一大",缘由何在?

事情是这样的,上海共产主义小组的活动经费,主要来源于小组成员译作的稿酬,经费也并不宽裕。筹备"一大"时,经费的支出须经陈独秀签字,由李汉俊执行。但陈并不了解经济实情,往往他开了批条而李却无钱支付。李提出意见,希望陈独秀不要乱批条子,并且希望《新青年》社拿出点钱来。不料陈独秀大怒,竟无理指责李汉俊要夺他的权,而且无端把陈望道也牵涉进来,他散发书信,说李汉俊和陈望道要夺他的权,要当"书记"。这在同志间造成很不好的影响。陈望道对这种无中生有的指责,怎么也接受不了,认为"陈独秀此举实在太卑鄙了"。他坚持要求陈独秀澄清事实,公开道歉。陈独秀不肯这么做。于是,陈望道一气之下表示再也不愿意接受陈独秀家长式的领导,因而也就未去参加党的代表大会。

用这种方式来表示对陈独秀家长式作风的不满和抵制,是陈望道刚烈性格和急躁脾气使然的——他年轻时有一个雅号叫"红头火柴"。

## 10 上海地方党组织的第一任书记

1922年1月28日,农历正月初一。

上海的大街小巷,家家户户,过往行人。

一张张贺年片飞来了,正面印着"恭贺新年"黑体大字,背面花边框里写着一首《太平歌》:

天下要太平,劳工须团结/万恶财主铜钱多,都是劳工汗和血/谁也晓得/为富不仁是盗贼/谁也晓得/推翻财主天下悦/谁也晓得/不做工的不该吃/有工大家做,有饭大家吃/这才是共产社会太平国。

上海全体共产党员和青年团员百余人,工人五十人,于大年初一上午散发六万张贺年片于市内;下午又散发两万张反对帝国主义和军阀的传单于"新世界"等群众场所。它使人民大众惊喜,也让军阀当局惊恐:共产主义的革命者来了。

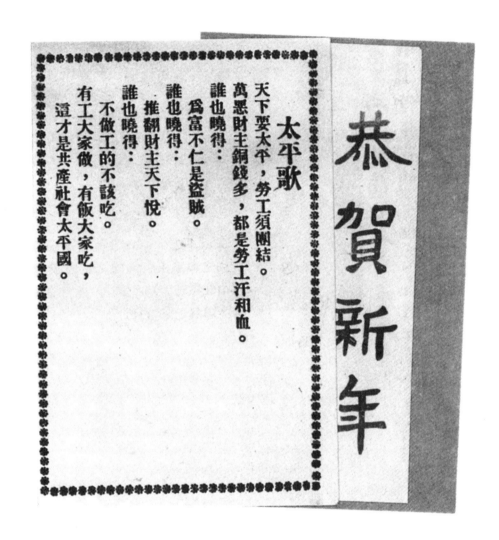

陈望道说:"当时,党组织建议我们向上海人民拜年,记得贺年片上一面写'恭贺新年',另一面写共产主义口号。我们一共七八个人,全都去,分两路,我这一路去'大世界'和南市。两路都是沿途每家送一张贺年片。沈雁冰、李汉俊、李达等都参加了。人们一看到贺年片就惊呼:'不得了,共产主义到上海来了。'"

小沙渡工人补习夜校旧址

谁写的《太平歌》？是陈望道。

当时他是上海地区党的负责人。"一大"以后，根据党的中央局要求，成立了中共上海地方委员会，陈望道为第一任书记。他主持刚建立起来的上海地方党组织的工作，展开了许多活动。

他继续走到工人当中去，参与开办职工补习学校：在沪西小沙渡设立第一个工人补习夜校，又在南成都路辅德里632号A（今成都北路7弄42号）开办平民女校，提高工人觉悟和为党培养干部。

1922年1月15日，上海地方党组织举行李卜克内西、卢森堡被害三周年纪念活动，与会者五百余人。陈望道和陈独秀以及来自印度、日本、

中国共产党在南成都路辅德里创办的平民女校

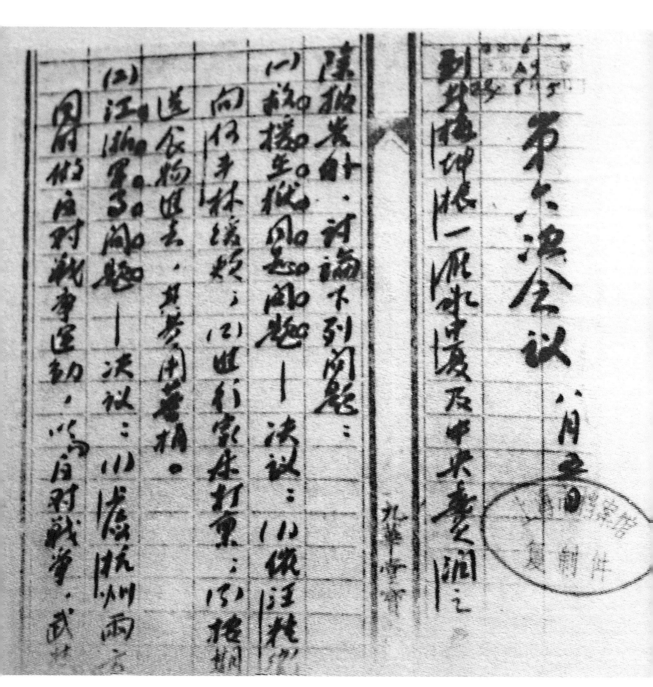

毛泽东代表党中央出席中共上海地方兼区执委第六次会议的会议记录

朝鲜等国际人士到会讲演。

1922年4月到5月，上海地方党组织连续举行集会，纪念无产阶级革命导师马克思诞生一百零四周年。4月23日，陈望道随同陈独秀出席在吴淞中国公学举行的马克思主义学说演讲会，并发表讲话。5月5日，上海党组织以学界名义在北四川路怀恩堂举行正式纪念会，百余人出席。陈望道偕同沈雁冰和一位印度学者到会并发表演讲。这是上海党组织的第一次纪念马克思诞生的纪念活动。

1922年夏，陈望道辞去中共上海地方委书记的职务——因为他始终不满和抵制陈独秀的家长式的领导作风。

1923年8月5日，在上海地方兼区执委第六次会议上，中央委员毛泽东代表党中央明确建议：对邵力子、陈望道的态度应当缓和，劝他们取消退出党的意思——因为一些青年党员听信陈独秀的说法，对陈望道等人因误解而有些偏激，所以说"态度应当缓和"。这是有利于党的团结的做法。于是，党组织指派沈雁冰去做劝说工作。这件事，沈雁冰回忆说：

> 党组织又决定派我去向陈、邵解释，请他们不要退出党，结果邵同意，陈却不愿。他对我说："你和我多年交情，你知道我的为人。我既反对陈独秀的家长作风而要退党，现在陈独秀的家长作风依然故我，我如何又取消退党呢？我信仰共产主义终身不变，愿为共产主义事业贡献我的力量，我在党外为党效劳，也许比党内更方便。"

陈望道是实践了自己的诺言的。在脱离了党的组织关系以后，他对共产主义的信仰始终坚贞不渝，对党的事业始终忠诚效力。在经过了艰难险恶的历程之后，陈望道终于在1957年重新回到了党的组织。

## 11

## 为妇女解放呼号

陈望道在传播马克思主义、从事社会改造的革命活动中,一直十分关注社会阶层中最受压迫、最痛苦的妇女们的命运,把研究中国妇女问题、倡导妇女解放运动作为自己的一种责任。

早在"五四"运动前夕,他就发表《机器的结婚——兽畜之道德》抨击封建的婚姻制度:"很像猪公,猪娘,都是由人撮合,不由自家作主的。"对此"应该绝对的抨击"!(1919年4月2日,《时事新报·学灯》)

陈望道主编《民国日报》副刊《妇女评论》,从1921年8月创刊到1923年8月共出一百零四期;接着即与《现代妇女》组合成《妇女周报》(由中国妇女运动的领袖、党中央首任妇女部长向警予主编),他继续出任了一段时间的编辑。他常设身处地为女性立言,如用"春华女士"这样的笔名在《妇女评论》上同妇女姐妹们交谈讨论。

陈望道站在妇女解放运动的前列,发表研究妇女问题的各类文章有百余篇之多,同时还翻译了十多篇妇女问题的文章。他对妇女的社会地位、恋爱、婚姻、经济权益、家庭生活乃至节制生育等问题进行了广泛而深

《恋爱 婚姻 女权——陈望道妇女问题论集》　　陈望道、沈雁冰等人在马克思诞辰纪念会上散发的纪念册

入的探究，其中《我的婚姻问题观》(1924年1月10日《东方》杂志第21期纪念号)、《妇女问题》(讲演，1924年7月23日、30日、8月6日《妇女周报》)两文堪称关于研究中国妇女问题的经典之论。他用马克思主义的观点和方法，考察中国社会的妇女问题，从法律、政治、经济、道德、风俗等五方面论析了男女的不平等，认为最重要的是要解决婚姻问题和经济问题，即做到婚姻自主，经济独立。而经济独立的取得，可以说是妇女解放更为基础的问题。

　　陈望道当时就著文多篇提出节制生育即今天的计划生育问题。他又用不少篇幅的文字阐述家庭建设问题，要讲究家庭道德，强调要划清自由与"放荡"的界限。他预言中国的家庭规模必将"由'大'趋'小'"。可以说，这些都是他的先见之论。

# 12

# 春天的快乐

"夫妇"不是"人伦之始",唯"爱"乃是真的"人伦之始"——陈望道发出了这样的呼声。

"婚姻该以恋爱为基础,而且该以恋爱为限界。"——陈望道提出了这样的婚姻观。

陈望道自己也深受封建婚姻带来的痛苦。他自幼由父母做主与张六妹定亲,十八岁奉父母之命完婚。两人虽生育了一子二女(儿子不幸夭折),但没有共同的思想基础、没有爱情的婚姻是没有幸福可言的,尤其是对于像陈望道这样早就觉醒的人来说,对于旧式婚姻加在自己身上的桎梏就要坚决地卸除了。他提出跟张六妹分居,以兄妹相称;张六妹回了娘家,他按月寄给她生活费。张六妹也是旧式婚姻的受害者和牺牲品——不久她即忧郁而死。

而这对于陈望道也是一种心灵上的创伤,他在给好友刘大白的信上说起这件事非常动情地感叹"我满身浸着我也在其中的婚制的罪恶的悲感"。甚至"我竟几次啜泣呢!"(1921年6月21日)封建婚姻给双方都

蔡葵（又名蔡幕晖、蔡慕晖）翻译的《世界文化史》和《艺术的起源》

带来了不幸和悲伤。

陈望道要寻找真的爱。他找到了这样的爱：他同蔡葵女士由相识而相爱，终于在1930年结为伉俪，建立家庭。

蔡葵比陈望道小十岁，1901年5月28日生于浙江东阳，原名慕晖，又名希真。父亲蔡汝楫，晚清举人，曾留学日本，追随孙中山先生，后归居乡里，为当地著名士绅。他生育了子女五人，蔡葵居长。蔡葵的大弟蔡希陶为著名生物学家，二弟蔡希岳、三弟蔡希宁、小妹蔡希兰或执教或从医，各有成就。

蔡葵1916年从杭州甲等女子职业学校毕业后，就留在职校附属小学当教员。她在"五四"时期就在杭州听过陈望道的演讲，很敬慕他的学问和才华，遂与他结识。1920年她到上海大同大学专修英文；1926年从南京金陵女子大学毕业后到上海，就由陈望道介绍在上海大学、中华艺术大学等校执教英文。

蔡葵聪慧好学，喜爱艺术，性格开朗，和蔼温柔，正可以跟陈望道那

1930年9月，陈望道（右二）与蔡葵（左二）、岳父（右四）、岳母（左四）及家人的合影

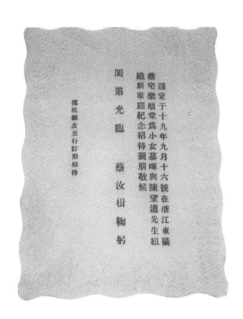

陈望道和蔡葵邀请亲朋好友参加婚礼的请柬

## 虎鹿镇发现陈望道蔡慕晖结婚请柬
### 以往文史资料中认定陈、蔡举行婚礼的时间将彻底更正

今年"七一"前夕,虎鹿镇孙宅村发现一张特殊的结婚请柬(见右图),这张结婚请柬的特殊性不在于是七十多年前的旧物,而在于那是东阳大地上第一次举行文明婚礼,在于那是一对不寻常的新郎新娘。新郎就是《共产党宣言》的首译者陈望道先生,新娘是我虎鹿镇蔡宅村的蔡慕晖女士。

这张请柬高16厘米、宽12厘米,粉红色,纸质为民国时期的照相纸,边呈波浪形,四周凸印一圈牡丹花。请柬上文字为红色,非手工书写。据行家分析,当时东阳还不可能制作这样精美的请柬,应在沪杭等地定制。

请柬是以蔡慕晖的父亲蔡人淦名义发出的,上面的文字是:"谨定于十九年九月十六号在浙江东阳蔡宅乐顺堂为小女慕晖与陈望道先生组织新家庭纪念招待亲朋敬候,阖第光临。蔡汝楫鞠躬沪杭亲友另行订期招待"蔡汝楫是蔡人淦的考名,他是晚清举人、追随孙中山先生进行民主革命、后为民初众议员的蔡汝霖的弟弟,毕业于日本爱知医学专门学校,思想开明,原是旧军队的军医,因痛恨军阀的腐败,愤而脱离军职,在杭州等地开设诊所为民疗病。

这张请柬的发现,为陈、蔡二人结婚年份的确定找到了实物证据。以往在东阳的一些文史资料中,都认定他们结婚时间是1929年(民国十八年),而现在可以肯定地写入史书:陈望道和蔡慕晖结婚的时间是1930年(民国十九年)。

他们举行文明婚礼是对女方必到男家结婚这一传统习俗的挑战,在当时确实是轰动四方八乡的新鲜事。

(李亦民 徐松涛)

2003年6月28日,浙江《东阳日报》关于虎鹿镇发现陈望道、蔡慕晖结婚请柬的报道

1956年春天,陈望道与夫人蔡葵教授合影于卢山村17号

参加当年婚礼的葛世大说:"婚礼在蔡府'乐顺堂'举行,六十多年后的今日,凭小孩记性我还能粗略描述大概:堂屋正壁悬挂孙中山遗像,案上红烛鲜花映衬着两张彩色花纹的方纸,无疑是结婚证书。证婚人卜文校长、主婚人蔡校董笑容满面居中正站。新娘穿戴素净,不见装饰;新郎长袍马褂,头顶礼帽,并肩朝案而立。我们四个学生被安排伴立风琴左旁,肃然屏息。没有吹奏,不放鞭炮,气氛随之肃穆。倒是两厢和天井挤满看热闹的村人,男女老少叽叽喳喳像个戏场。婚礼如仪,十分简单。最后风琴为我们伴奏唱《春天的快乐》,歌罢献花,全过程不到一小时。"

种刚烈的"红头火柴"脾气相协和。他们相爱了。

真诚的爱使他俩步入了婚姻的殿堂。而他们的婚礼,在当时也称得上是一种"解放":并非入赘而在女家举办婚礼,文明,有序,简洁,祥和。

婚后,有一段时间各自为事业奔忙,时聚时离而相思情深。蔡葵1935年赴美国哥伦比亚大学攻读教育学硕士和哲学专业,1936年学成回国。她还长期担任基督教女青年协会总干事。新中国成立后,她任复旦大学外文系副教授和学校妇女组织的负责人。她于1964年冬,因脑癌而病逝。

陈望道和蔡葵携手走完了一生相爱的历程。

1930年陈望道和蔡葵结婚留影

1940年5月，陈望道与夫人蔡葵结婚十周年纪念

# 追望大道

ZHUI WANG DA DAO

# 第三章 履道

> 博学而笃志，切问而近思。
>
> ——《论语·子张》载子夏语

作为学者的陈望道，他倡导
"把屁股坐在中国的今天"，
用新的方法融汇古今中外学识，
而致力于学术的中国化。
他在学问上履行着马克思主义之道。

## 13 学术多面手，古今中外法

作为学者的陈望道，是文化学术界的一位多面手。他用自己的学术实践追往"大道"，一生从事文化教育和学术研究达六十年，涉猎了人文社会科学的广泛领域，在哲学、文化学、社会学、伦理学、法学、因明（逻辑）学、新闻学、美学、文艺学、语言学等方面多有编述著译。就其成书之作就可以概举——

《共产党宣言》（译）1920年8月，作为《社会主义研究小丛书》第一种出版

《空想的和科学的社会主义》（译）1921年，人民出版社

《作文法讲义》（著）1922年3月，上海民智书局

《美学概论》（著）1927年，上海民智书局；1954年再版

《艺术简论》（译）1928年，上海大江书铺初版；1929年6月再版，1930年4月三版

《文学及艺术之技术的革命》（译）同上

《社会意识学大纲》

《作文法讲义》和《美学概论》

《社会意识学大纲》（与施存统合译）1929年5月，开明书店初版，1932年六版

《社会科学原理》（与施存统合译）1930年，上海书店

《因明学》（著）1930年10月，世界书局

《苏俄文学理论》（译）1930年12月，上海大江书铺；1931年3月，开明书店再版

《艺术社会学》（译）1930年12月，上海大江书铺；1945年第九版

《修辞学发凡》（著）1932年，上海大江书铺初版；1945年，重庆第九版；1959年、1962年，上海文艺出版社再版重印；1979年、1997年，上海教育出版社再版重印；2001年，上海世纪出版集团重印；2007年11月，复旦大学出版社重印

《开明国文讲义》三册（与夏丏尊、叶圣陶、宋云彬合编）1934年11初版，开明书店；1948年9月九版，1991年6月人民教育出版社再版重印

《伦理学底根本问题》

《开明国文讲义》

《实证美学的基础》

《艺术简论》和《文学及艺术之技术的革命》

《因明学》，是国内第一本用白话文写作的因明学著作

《论现代汉语中的单位和单位词》　　　　《望道文辑》和《小品文和漫画》

《小品文和漫画》（编辑）1935年5月，太白杂志特辑，生活书店
《伦理学底根本问题》（译）1936年12月，上海中华书局
《望道文辑》1936年6月，读者书房
《中国文法革新论丛》（编著）1943年，重庆文垒出版社；1957年，中国语文杂志作为中国语文丛书重印，中华书局出版；1987年，列为汉语语法丛书，商务印书馆出版
《实证美学的基础》（与虞人合译）1939年7月，世界书局
《辞海》（未定稿）（总主编）1965年，中华书局辞海编辑所出版
《论现代汉语中的单位和单位词》（著）1973年1月，上海人民出版社
《汉语提带复合谓语的探讨》（著）1973年5月，上海人民出版社
《文法简论》（著）1978年4月，上海教育出版社初版；1997年再版重印
《中国文法研究》油印本二册，未刊；复旦大学讲稿

讲坛上的陈望道

陈望道在书房里工作

中国科学院院长郭沫若聘任陈望道为学部委员的聘任书

陈望道是我国最早努力把马克思主义观点和方法运用于学术研究的学者之一。他多次说过：研究问题，"应该屁股坐在中国的今天，伸出一只手向古代要东西，伸出另一只手向外国要东西"。因此，他认为过去的中外派（常有以外律中之弊）与古今派（常有以古律今之弊）的对立应该加以消除，那就是都把屁股坐在中国的今天，从同一实际出发，用一种新的方法加以结合，可以合流成为新的古今中外派。这新的方法就是马克思主义的方法。他的学术成就也就正是这种古今中外法的体现。

1955年6月，陈望道被推选为中国科学院哲学社会科学学部常务委员会委员。

1955年6月1日，中国科学院学部成立大会在北京召开，10日闭幕。大会宣告成立四个学部：物理学、数学、化学部；生物学、地学部；技术科学部；哲学社会科学部。经国务院批准，于光远、王亚南、尹达、向达、李达、何其芳、狄超白、金岳霖、范文澜、胡绳、郭沫若、陈望道、翦伯赞、潘梓年、罗常培为哲学社会科学学部常务委员会委员

# 14 第一部白话作文法的

陈望道的学术业绩是多方面的，其基点和重心则在于对中国语文的研究，他为现代中国语言学的发展作出了奠基性的贡献，尤其在语文改革、语法学和修辞学诸方面业绩更为卓著。

他在日本留学期间，于研习马克思主义的同时，在学术上就"逐渐形成以中国语文为中心的社会科学为自己的专业"（《自述》）的志向。这是因为"他深切体会到语言文字的使用，也就是正确地掌握表达思想的工具，对于启蒙运动和思想解放是极端重要的"（胡愈之:《陈望道文集》序言）。为此，陈望道把研究和解决中国社会的语文问题，进行语文改革，实现语文现代化，当作自己的一种历史责任。

他常常从语文应用的具体问题着手进行开创性的研究。

标点符号的使用在今天习以为常，可在当时，破除"文无标点"的旧传统，好像"剪辫子""反缠足"那样，简直是一场革命！陈望道的第一篇语文方面的论文是发表在1918年《学艺》第3卷的《标点之革新》，至1922年3月，他发表了《新式标点用法概略》等多篇文章，为中文

刊发《标点之革新》的《学艺》杂志

由上海民智书局出版的《作文法讲义》问世后，不断重印再版

郑子瑜教授在其所著《中国修辞学的变迁》中盛赞《修辞学发凡》对中国修辞学做出了空前的贡献

书面语进行标点革新即使用新式标点，从学理上和实用上都作了充分的探究和说明，对新式标点的确立和使用起了重大的促进作用，在当时的文化学术界具有很大的影响。

陈望道说，白话文兴起的当时，"许多学生不会写文章，问我文章怎么做，许多翻译文章翻得很生硬，于是逼着我研究修辞"（《修辞学中的几个问题》，1962年1月4日）。于是他就从当时青年学生的需要出发，讲作文法和修辞学，先编成了《作文法讲义》。该讲义从1921年9月26日至1922年2月13日在《民国日报》副刊《觉悟》连载，1922年3月成书，由上海民智书局出版。这部讲义对作文方法和文章技术的全领域作了探究，提纲挈领、条分缕析地阐明了文章的构造、体制和美质，尤其从作文的原理上作出文体分类，都是别开生面的。本书不断重印再版，直到20世纪40年代开明书店还在印行。而今，上海教育出版社和河南文化出版社于2017年再次重印。刘大白称它"是中国有系统的作文法书的第一部"。

## 15 中国现代修辞学的奠基者

陈望道于1920年走上复旦大学讲台，就开修辞课，就写教学讲义。经过十余年的勤求探讨，他把修辞教学讲稿著成《修辞学发凡》，于1932年由大江书铺出版。

1931年，他因保护左派学生的活动而得罪了反动当局。当时，校内左派学生聚会，有一个学生鲁莽地去敲了校钟。按学校规定学生擅自敲校钟要开除。校方要开除这个左派学生，校长批准了，还要系主任副署。陈望道作为系主任，他不予副署，这个学生就没有开除。为此，国民党特务机关下了密令："陈望道包庇共产党，毙。"这个密令给时任国民党宣传部长的叶楚伧得悉，出于友谊（他们曾在《民国日报》社和复旦大学中文系同过事），连夜派人从南京到上海报信，要陈望道立即离校躲避。这样，他就离开执教十年的复旦大学。但是学校当局怕左派学生知道了会闹事，未宣布他辞职又挂名了一年。

这样，他就摆脱了教学，蛰居于沪西寓所潜心整理讲稿，用了一年的时间，写作了《修辞学发凡》（以下简称《发凡》）。

中国现代修辞学奠基之作——《修辞学发凡》的部分版本

刘大白这样说:"中国人在说话的时候,修了几百年的辞,并且在作文的时候,也修了几千年的辞,可是竟并不曾知道有所谓的系统修辞学。直到1932年陈望道先生底《修辞学发凡》出来,才得有中国第一部有系统的兼顾古话文今话文的修辞学书。"

本书刊行后,茅盾(沈雁冰)第一个打来电话向他表示祝贺。

《发凡》阐明了修辞学的对象、任务、功用等基本理论问题,提出了修辞研究的新理念、新思路、新方法;

《发凡》在中国学术界最早引进和运用结构主义鼻祖索绪尔的语言学理论,"以语言为本位"研究修辞;

《发凡》创立了"题旨情境"说,提出了"修辞以适应题旨情境为第一义"的理论纲领,是现代语言学中语境学理论的先声(比 T·R·Firth 提出语境理论要早好多年);

《发凡》缔造了消极修辞和积极修辞两大分野的修辞学体系,提出修辞的"零度"观念,深化了对修辞现象的认识;

《发凡》对汉语的修辞格进行了全面总结,归为四大类三十八格,其分类和编排"见解精确,系统清楚"(张弓语);

《发凡》为语文体式的类型划分作了颇为全面的勾勒,并对"体性"即"表现风格"的类型有所探讨。

这样,陈望道就以这部著作完成了中国传统修辞学向现代修辞学的转变,为中国现代修辞学的建立和发展奠定了基础和开拓了路向。

## 16 站在鲁迅一边 为新文艺而战

1927年大革命失败，陈望道面对自己许多战友和学生的牺牲，面对腥风血雨的浓重黑暗，他悲伤，他烦苦，他呼喊："我要恸哭死者，凭吊人生！愿千千万万的生命不要这样抛了就算了。"同时他断言："现在中国是在动，是在进向大时代去。"

陈望道决心为进向大时代而鼓吹新兴的革命文艺。他和汪馥泉、施存统、冯三昧等人集资筹办了一个书店——大江书铺，作为一个可以出书籍、办报刊的阵地，以组织作者队伍，团结读者群众。书铺于1928年9月正式开业。

其时，鲁迅到上海定居，住在景云里，与大江书铺所在地景兴里相距不远。这样，也就方便和密切了陈望道与鲁迅的交往和联系。这在《鲁迅日记》里有所记载。

为了介绍新兴的科学文艺理论，陈望道通过大江书铺创办《大江》月刊（1928年10月15日创刊，出了三期），主持编辑《文艺理论小丛书》和《文艺理论丛书》。这些都得到了鲁迅的支持。鲁迅为《大江》月刊每

大江书铺于 1930 年 2 月出版的
《文艺研究》杂志

1928 年，鲁迅先生在上海景云里二十三号寓所

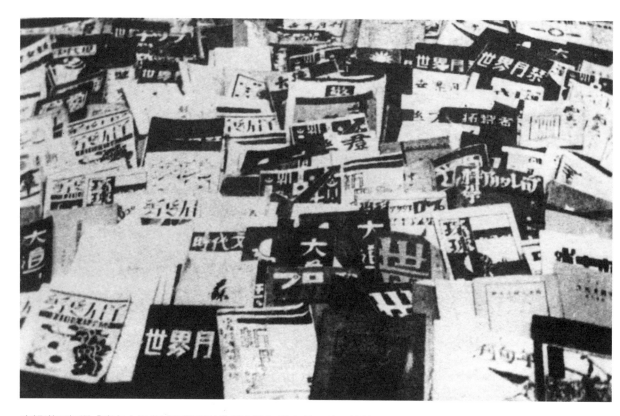

陈望道回忆说:"我在大江书铺当编辑时曾请鲁迅翻译文艺理论,并鼓励他多多译作。记得鲁迅当时著作和翻译的态度非常认真,他当时是采取一种直译的方法。我和鲁迅都是文学研究会的成员。鲁迅批评创造社时,我是站在鲁迅一边的,并勉励他译下去,肯定会译得比创造社好。鲁迅给大江书铺的稿子,都经我看过。"图为1927年到1932年间被国民党当局查禁的部分书刊。其中有不少大江书铺的出版物

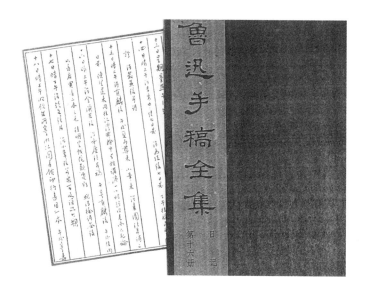

鲁迅日记中有关他与陈望道联系的记载

期发文，为两套丛书提供翻译。陈望道还特约鲁迅翻译卢那卡斯基的《艺术论》，作为《艺术理论丛书》的第一种。陈望道又约请鲁迅主编《文艺研究》季刊，他们计划把它办成介绍经典性文艺理论的刊物，鲁迅还专门起草了《文艺研究例言》。它于1930年6月创刊出版，但即遭国民党当局查禁。

在此期间，陈望道还翻译了不少文艺理论著作，如《艺术简论》《文学及艺术之技术的革命》《苏俄文学理论》等书，其中《苏俄文学理论》较早地译述了列宁论文学的内容（即《党的文学》），先署名"陈雪帆"由大江书铺印行（1930年），而后又改署陈望道，由开明书店出版（1931年），对于当时文学界比较全面地认识苏俄文学的理论进展起了很好的引介作用。

大江书铺是当时上海最早出版以唯物史观研究文艺理论译著、并致力于介绍科学文艺理论的阵地，鲁迅译法捷耶夫的《毁灭》、沈端先译高尔基的《母亲》等名著，以及茅盾、丁玲等作家的一些著名创作都在大江书铺始刊，它还刊印了不少社会科学方面的论著。凡此，对于推动左翼文艺运动都发挥了积极的影响。

大江书铺为反动当局所嫉恨，其出版的大量著作被国民党上海市党部列为禁书，使得书店难以为继，只得在经营了五年左右就盘给了章锡琛的开明书店。然而大江书铺在新文艺运动史上和中国现代出版史上所写下的光荣一页，是不可磨灭的。

# 17 "大众语"论战

"五四"运动提倡白话文取得了胜利,但是保守势力始终在抵抗着白话文的推行。1934年5月、6月,国民党中央政治学校教授汪懋祖等配合当时国民党的文化"围剿",在南京发起"文言复兴运动"。消息传到上海,乐嗣炳就找陈望道,要他拿个主张,怎样来保卫白话文。陈望道说:"我们要保白话,如果从正面来保是保不住的,必须也来反对白话文,就是嫌白话文还不够白。"——这实际上是一种以进攻姿态来捍卫"五四"成果之一"白话文"的策略。

于是他们约请胡愈之、夏丏尊、傅东华、叶绍钧、黎锦晖、马宗融、陈子展、曹聚仁、王人路、黎烈文等文化界人士(茅盾先也到会,后提早退席),连同陈望道、乐嗣炳共十二人在西藏南路"一品香"茶室举行座谈,商议发起对抗文言复兴、保卫白话文的运动。经过讨论,大家同意陈望道提出的策略,决定要提出比"白话文"更加新的口号,最后大家赞成"大众语"这个说法(陈望道曾告诉笔者,"大众语"名称是席间傅东华先提出的),并推举陈望道写"宣言"(最后并未发布)。6月16日,

"大众语"论战首先在《申报·自由谈》上展开

同仁又在聚丰园举行聚餐会,到会约四十人,由陈望道主持,经过讨论,同意上次十二人提出的意见,发动"大众语活动"。同时,大家商定按当场抽签所得顺序,先在《申报》副刊《自由谈》上连续发文,形成系列。结果陈子展抽得头签,陈望道是贰签。

这样,1934年6月18日陈子展发表的《文言、白话、大众语》和6月19日陈望道发表的《关于大众语文学的建设》两文就揭开了这场语文论战的序幕。陈望道提出"大众语"是"大众说得出,听得懂,写得顺手,看得明白"的语言——这就成了公认的"大众语"的定义。

在《申报·自由谈》的发动下,大众语问题的论战迅猛在全国展开,《中

30年代"大众语运动"的部分发起人,上排左起:陈望道、乐嗣炳、胡愈之。下排左起:傅东华、陈子展、曹聚仁

华日报》副刊《动向》和《大晚报》副刊《火炬》以及《社会日报》《文学月刊》等报刊都发表了讨论的文章。讨论热烈而广泛，首先是一致反对复辟文言的逆流，声势浩大。不到半个月，所谓"文言复兴运动"丢兵弃甲，偃旗息鼓，后来的讨论重心随之转移到大众语自身建设的问题（如言文一致、普通话和方言、文字与语言等关系）上。

陈望道在讨论中发表了《建立大众语文学》《大众语论》《文学与大众语》等文章，对大众语建设提出了科学的主张，而鲁迅的《门外文谈》，可以说就是对这次论战的一篇具有总结性的文章。

> 陈望道发起和组织的"大众语"论战具有不可磨灭的历史意义：
>
> 1. 彻底击退了复辟文言的逆流，为白话文运动取得最后胜利的一役，此后在中国大地上再也翻不起文言复兴的浊浪来了。
>
> 2. 为民族共同语——普通话的建设和推广进行了一次有价值的探讨。
>
> 3. 由"言文一致"讨论的引申，为拉丁化新文字的推行以及汉语拼音的研究开拓了道路。

# 18 《太白》：灿烂的星光

在大众语的论战中，鲁迅十分支持陈望道。陈望道也常同鲁迅联系，并且商量着一件事情，那就是：要建立一个实践大众语的阵地，要建立一个跟林语堂们提倡"幽默""性灵"的"闲适文学"相抗衡的文艺阵地。

1934年9月，陈望道在鲁迅的支持下，创办了《太白》半月刊。

为什么叫"太白"呢？这是陈望道提出来与鲁迅商量后命名的。意思是——

其一，"太白"的"太"有"极""至"之意，"白"即"白话"，合起来就是：极白、至白的白话，即比白话还要白，旨在提倡大众语；

其二，"太白"两字笔画简单明了，合起来不满十画，易识易写，便于杂志的普及；

其三，是更深层的含义，即为"启明星"。我国传统上把天亮前后出现在东方天空的金星称作"启明"，又叫"太白"。寓指当时处在黎明前的黑暗之中，意在鼓励人们为迎接胜利的曙光而努力。

《太白》有编委十二人：陈望道（总编）、艾寒松、傅东华、郑振铎、

1934年9月出版的《太白》创刊号（第一卷第一期）

朱自清、黎烈文、徐调孚、徐懋庸、曹聚仁、叶绍钧、郁达夫。鲁迅也是编委，遵从他的意愿并不公开列名。同时，还有特约撰稿人七十九位，有艾芜、巴金、冰心、丰子恺、杜重远、洪深、韬奋、朱光潜、老舍、周予同、夏丏尊、陈子展等。这两份名单，显示出强大的阵容，壮阔的声势。

参与《太白》编委会的叶绍钧、朱自清和郑振铎

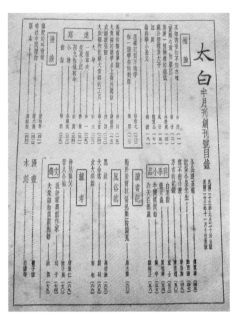 

《太白》首刊的"科学小品"栏目　　　　1935年3月出版由陈望道主编的《太白》特辑——《小品文和漫画》

陈望道说:"我们当时只是特别注意针锋相对的革命精神。我们也有过火的地方,今天看来未必正确。"(尚丁《〈太白〉主编谈〈太白〉》)

《太白》在当时的文坛上真是别开生面，独树一帜，它刚健、清新、泼辣，有创造。倡导语文改革，推行手头字（简笔字），开辟专登短小精悍讽刺文字的"掂斤簸两"，首倡"科学小品"，都是开创新风之举。这样，它受到国民党当局文化专制主义的压迫也就不可避免了。《太白》刊行了整整一年，出了两卷二十四期就被迫终刊了。但《太白》在中国文化学术的历史长河中却闪烁着不灭的星光！

鲁迅当时说："杂志上也难说话，现唯《太白》《读书生活》《新生》三种尚可观，而被压迫也最甚。"（1935，《致吴渤》）

胡愈之说："大革命失败以后，在国民党反动派进行文化'围剿'的黑暗日子里，陈望道同志组织了一支反文化'围剿'的别动队，这就是大众语运动和他所主编的《太白》。大众语运动主要是为了抵制当时文言文复辟的逆流，也为后来的拉丁化新文字运动开辟了道路。《太白》对于胡适、林语堂之流买办资产阶级的反动思潮，给以有力的打击。正是在这一时期，陈望道同志与鲁迅在同一战线上起了冲锋陷阵的作用。在30年代文化'围剿'和反'围剿'的搏斗中，国民党反动派终于'一败涂地'，人民的觉悟大大提高，陈望道同志是立下了汗马功劳的。"（1979，《〈陈望道文集〉序》）

## 19 发动文法革新,提倡功能学说

陈望道是"五四"以后最早研究白话文语法的学者之一。

1920年,他在《觉悟》上发表"文字漫谈"等一系列文章,对现代语文中常用虚词(如:的、又、再、可、和、就、了、着等)的用法逐个作了探究和说明,很切实用。

语法学在中国成为一门独立的学科,始于1898年《马氏文通》的刊行。但《文通》出版后相当的一段时期,语法著作都因袭其体系,即都以西洋语法为蓝本,有的更唯以仿照英语语法为能事。这种机械模仿的学术风气,自然有碍汉语语法学的健康发展,不利于研究汉语自身的语法特点。中国文法研究需要革新。

1898年首刊的《马氏文通》

索绪尔(1857—1913),瑞士语言学家,被称为现代语言学的奠基人。在中国学术界由陈望道最先于1932年所著《修辞学发凡》和1938年发动的文法革新讨论中,开始对索绪尔学说的理论和方法加以运用和探讨

于是，陈望道于1938年10月以他所主编的《语文周刊》（《译报》副刊）为论坛，发起了中国文法革新的讨论。参加讨论的主要有金兆梓、傅东华、方光焘、张世禄等人，讨论历时四个半年头，地域由上海而香港，而重庆，而广东、广西，影响相当广泛。

陈望道在讨论中撰写了十多篇文章，为解决汉语由于缺乏形态变化而引起的词类划分的困难，他借鉴和运用索绪尔关于语言符号的组合关系和聚合关系的经典理论，提出了用"功能"——就是词语在语言组织中的活动能力，着眼于词语之间的函数关系——研究汉语语法的见解。他的《文法的研究》（1943年）一文可以说是对文法革新讨论的一篇总结性的文章，也是中国语法学史上关于功能观念的最早的理论阐述。而后他又在《试论助辞》（1949年）、《漫谈〈马氏文通〉》（1958年）、《我对文法修辞研究的意见》（1961年）等文章中不断对功能说加以阐发；至《文法简论》（1978年），功能说更臻完备。

今天，运用功能的观念和方法研究汉语语法，已经成为语法学界的一种共识，功能观点也成为汉语语法研究的一种理论基础和方法论基础。所以，学术界评价说："陈先生的功能语法学说，开创了语法研究的新道路。"

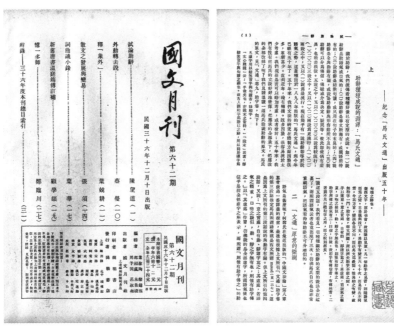

对于中国文法革新讨论的精神,陈望道有个著名的论述:"根据中国文法事实,借镜外来新知,参照前人陈说,以科学的方法谨严的态度缔造中国文法的体系。"这就为中国语法学术工作提出了一个具有革新意义的研究方针。图为刊有"中国文法革新论丛"的《学术》第二辑和刊有《试论助辞》的《国文月刊》第62期

《漫谈〈马氏文通〉》发表于《复旦》校刊 1959 年第三期

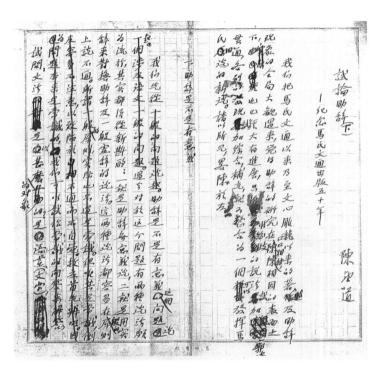

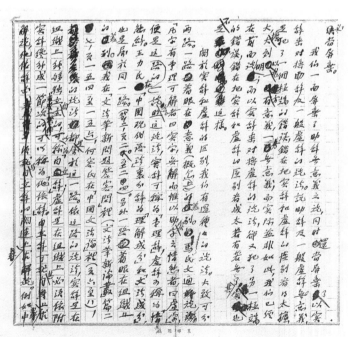

陈望道为纪念《马氏文通》出版五十周年所撰《试论助辞》的手稿（一）

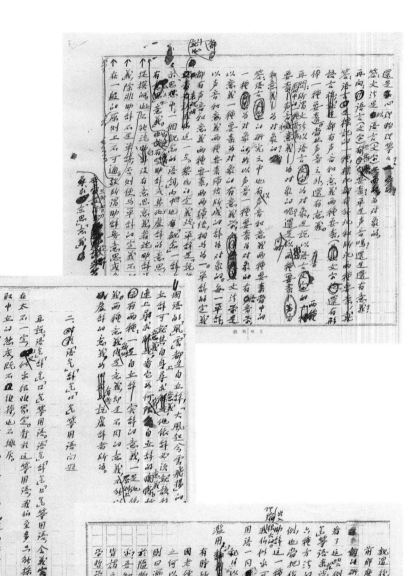

陈望道为纪念《马氏文通》出版五十周年所撰《试论助辞》的手稿（二）

陈望道把文法革新讨论的文章编辑成《中国文法革新论丛》（1943年），为中国语法学史提供了一部有价值的文献

## 20 "孤岛"上的"中国语文展览会"

1937年7月,日本帝国主义侵华战争全面爆发,不久,上海的租界区沦为"孤岛"。

陈望道与韦悫、郑振铎、陈鹤琴等组织上海文化界抗日联谊会,进行抗日救亡运动。

这时,上海很多工厂停工,商店停业,学生停学,许多青年职工和学生参加了拉丁化新文字学习活动。同时,上海难民收容所兴办识字班,试验用拉丁化新文字扫盲,很有效果,得到推广。这样,拉丁化新文字运动得到了广泛开展,并且成为一项民众的抗日救亡活动。

陈望道跟当时主管租界华人教育和难民教育的陈鹤琴一起指导这个活动。1938年7月,他们一同发起成立"上海语文学会"和"上海语文教育学会",加强对语文革新的研究。

陈望道研究了历史上各种拼音方案,编著了《拉丁化汉字拼音表》(1938年6月,开明书店)。他指导上海新文字研究会完善了北方话和江

难民收容所里的抗日宣传活动

陈望道主持中国语文展览会的开幕仪式

陈望道编著的《拉丁化汉字拼音表》

《中国拼音文字的演进》发表在中国语文展览会会刊上

中国语文展览会的宣传材料

南话两个拉丁化新文字方案,协助制定了《拉丁化中国字运动新纲领草案》（1939年9月）。他在"语文系统讲座"中主讲《中国语文的演进和新文字》（1938年6月），从理论上纠正了当时有人提出的"打倒方块字"之类不正确的说法。他于1939年发表的《中国拼音文字的演进——明末以来中国语文的新潮》，更是研究文字改革历史的重要文献。

　　1939年下半年，敌伪势力开始侵入租界，汉奸、特务搞绑架暗杀，很是猖獗。陈望道也上了敌伪的黑名单。但他不以为意，继续着自己的活动，并且在争取到丁福保、马叙伦等各界人士的支持下，作出了一个大举措：以上海语文教育学会的名义，在上海大新公司（现上海第一百货公司）大厦五楼组织、举办和主持了一个很有规模的"中国语文展览会"。七个陈列室布满了这一楼层，内容极为丰富，有文字的历史演变，有语文的地域分布，有语文教育，有语文工具，有语文著作，有读写表演。十天时间的展期中，社会关注，观众踊跃，尤其是大中小学的师生热情参观，充分显示了上海各界人士团结、爱国的精神和力量。

　　在这样的时候举行这样的展览，就是对大众进行爱国主义教育，教育大家即使沦陷于日寇，也绝不能忘记祖国的语言文字！

## 21 "普通话"定义的推敲与斟酌

新中国成立后,党和政府非常重视国家的语文建设事业,确立了文字改革的三项任务:推广普通话,简化汉字,制定和推行汉语拼音方案。

看到自己多年为之奋斗的事业,现在能作为政府的语言计划加以实施,陈望道感到非常高兴,很受鼓舞。虽年事渐高,但壮心不已,他依然站在了语文建设的最前列。

1949年9月,上海新文字工作者协会成立,陈望道被推举为协会主席。1949年10月,中国文字改革协会在北京成立,陈望道被选为理事。

1955年10月15日至23日,第一届全国文字改革会议在北京召开。陈望道带领上海代表团与会,并当选为大会主席团成员。会议的中心是讨论《汉字简化方案(草案)》和决定大力推广普通话。

推广普通话,自然对普通话要明确定义,确定标准。会议原本规定普通话"以北京话为标准"。陈望道认为这个规定不妥,有逻辑错误。他说,"以北京话为标准的普通话",普通话也就是北京话,没有什么普通话了。给普通话下定义,恰恰取消了普通话。

1950年12月,陈望道在上海新文字工作协会年会上

他的意见反映上去，中央极为重视，胡乔木连夜召集一些专家开紧急会议，讨论加以修改。陈望道在这个会上陈述了自己的意见。最后，普通话的定义表述为"以北京语音为标准音、以北方话为基础方言"，后来又加上"以典范的现代白话文著作为语法规范"的内容。关于"以北方话为基础方言"，陈望道后来又作了"即经过书面加工了的北方话"的具体说明。同时，他在大会上又作了重要发言。

陈望道（站立者）在第一次全国文字改革会议主席团会议上

文字改革会议结束后,陈望道又出席了中国科学院哲学社会科学部于10月25日至31日召开的"现代汉语规范问题学术会议"。会议还邀请了苏联、波兰等国汉学家参加。陈望道作为主席团成员,受主席团委托在会上作了总结发言。他在发言中还就"普通话"的规范标准作了论证,指出以北方话为基础方言、以北京语音为标准是符合汉语实际和历史发展的;也是符合一定的语言学原理的——民族共同语言是以某一方言为基础发展而成的。

陈望道(左三)在北京参观文学改革陈列室

现代汉语规范问题学术会议期间的合影。陈望道(前排右一)与中国科学院语言研究所所长罗常培(前排右二)、副所长吕叔湘(前排左二)、吴晓玲(前排左一)等专家在一起。后排均为与会的复旦大学同仁,从左至右为李振麟、吴文祺、胡裕树、汤珍珠

1957年冬,《汉语拼音方案(草案)》修订完成,准备提交1958年2月召开的全国人大一届五次会议批准。周恩来总理亲自抓这件事,他在全国政协作了《当前文字改革的任务》的报告。他又通知文改会,立即派人去找上海市政协副主席陈望道,做好上海的工作。总理说,上海是文字改革的"半壁江山"。文改会派倪海曙到上海找了陈望道,向他传达总理的指示。陈望道就通过上海市政协布置有关会议,讨论总理报告和《汉语拼音方案(草案)》,为人大批准这个方案作准备。

　　此时,由他倡议设置的上海科学学术界活动中心——上海科学会堂正式成立,陈望道以上海语文学会名义在科学会堂举办"汉语拼音展览会"以示庆贺。开幕式上,他亲自接待来宾,是那样的兴高采烈。

1955年10月,陈望道在"现代汉语规范问题学术会议"作总结发言

## 22 高校中最早成立的语言研究中心

1955年底,陈望道在复旦大学成立了"语法、修辞、逻辑研究室",到1958年,正式命名为"复旦大学语言研究室"。这是当时全国高校中最早成立的一个语言研究中心。

研究室刚成立时,成员多为兼职,有郭绍虞、吴文祺和北京的周有光、倪海曙等教授。陈望道自任研究室主任,带头开展学术研究,除有特殊原因,他都坚持出席研究室每星期五的讨论例会。

把语法与修辞的研究进一步深入下去,特别是用功能说研究汉语语法的特点,为建设中国化的语言学作贡献——这就是他,一位年逾六旬的学者的心愿。

1956年元旦,毛泽东主席在上海宴请陈望道和几位知名人士。陈望道和周谷城坐在主席两边。席间,毛主席对他说:"最近读了你的《修辞学发凡》,写得很好,不过许多例子旧了一些。"又问他是否还在继续研究。毛主席又说:"听说你在研究文法,希望研究下去。现在许多人写文章不

陈望道与语言研究室的同事们探讨学术

讲文法，不讲修辞，也不讲逻辑。"第二天（元月2日）一早，他就召集了倪海曙等几个人作了传达。

1956年9月，陈望道筹建并出任会长的"上海语文学会"成立，确定《语文知识》为会刊。

1957年1月，上海《学术月刊》创刊，陈望道出任编委会主任。

1957年12月，陈望道在复旦大学作《怎样研究文法修辞》的学术

1958年12月,中国文字改革委员会主任吴玉章访问复旦大学,并与中文系师生合影。前排左五为吴玉章,左四为陈望道,左二为倪海曙

讲演。

1958年3月9日,上海市哲学社会科学学会联合会成立,陈望道当选为主席。

1958年12月,陈望道邀请革命前辈、中国文字改革委员会主任吴玉章访问复旦大学,并与中文系师生座谈文字改革问题。

1958年12月28日,陈望道主持上海语文学会和复旦大学语言研究室联合举行纪念《马氏文通》出版六十周年学术座谈会,并作《漫谈〈马氏文通〉》的学术报告。

有党和国家领导人的支持,陈望道对自己的学术研究更是充满了信心和力量。

1965年,陈望道与复旦大学语言研究室胡裕树教授在一起商量工作

1963年,陈望道为语言研究室青年教师讲课

## 23 接任《辞海》总主编

1962年春，陈望道接任《辞海》总主编。

1957年秋，毛泽东主席提出修订《辞海》（1936年出版）的任务，并把这项任务交给了上海。上海市成立了由各学科知名人士组成的编辑委员会，并由原《辞海》主编舒新城任编委会主任。舒新城主持进行修订并印出了十六本分册。不幸，他于1960年10月病逝。他的工作就由陈望道接任。

对于《辞海》，说是"修订"，实际上是重新"编写"。陈望道接手后，统筹全局，就提出实行分科主编负责制。《辞海》集中了众多的各门学科的专家，凡在上海的几乎都请来了，要协调好，要效率高，就必须定人、定时、定任务；条目内容的修改和定稿，编辑可以提出意见，但都须分科主编最后审定。这样做，有助于保证辞书质量。事实证明，分科主编负责制，很有效果。连续三任《辞海》常务副主编罗竹风说："是否可以说，从修订《辞海》开始到十六本分册出版是第一阶段，由舒新城任主编；从十六

1965年刊行的《辞海》（未定稿）上、下册

陈望道为《辞海》题写的书名

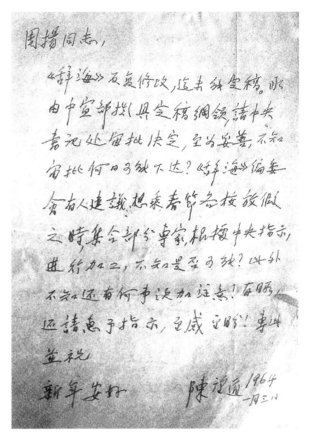

1964年1月3日，陈望道就《辞海》定稿等问题致信周扬同志

本分册出版到《未定稿》合拢为第二阶段，由陈望道任主编；粉碎'四人帮'到正式出版是第三阶段，由夏征农任主编。其中第二阶段工作量最大，亟待解决的疑难杂症也最多。"

陈望道虚心谨慎，团结大家，攻克疑难，经过四年多的奋战，终于完成了《辞海》（未定稿）的编写，并在1965年刊行（陈望道题写了书名）。

今天，《辞海》已经一版再版地正式发行了。陈望道倾注其中的大量心血，是永远值得广大读者加以纪念的！

## 24

## 生命不息，攀登不止

在 20 世纪 60 年代初，陈望道提出了"语言研究必须中国化"的观点——一个对学科发展具有方向性的命题。

这是他有感于当时语言学界存在一种不注重汉语实际，常用那些并不能概括汉语事实的普通语言学的理论观点往汉语上套的倾向而提出来的，实际上也是他在 30 年代文法革新讨论中所阐明的研究方针的发展。

他在文法革新讨论的当时，就打算写一本用功能观点研究汉语语法特点的《文法新论》，作了许多准备，也已经开笔了，可惜未能成书出版。1951 年春，他为由上海新文字工作者协会和华东工农速成中学联合举办的文法讲座，系统地作了五讲，仍没有公开发表。后来，他又和复旦大学语言研究室的同仁讨论，想用功能观点写一本有系统的文法书。先拟了个提纲和若干节目，具体由胡裕树负责组织和带领研究室语法组的同志和研究生开展研究工作，后来逐步形成了一个框架，也有了好多万字的积累，但骤然受到"文革"风暴摧残，也就无以为继了。

"文革"中陈望道还总在想，要把自己对汉语语法问题的思考和看法

上海人民出版社1973年出版的《论现代汉语中的单位和单位词》和《汉语提带复合谓语的探讨》

1978年香港三联书店出版的《文法简论》

加以整理和发表出来。所以，在语言研究室的工作恢复不久，他就提出要在保存下来的原有资料的基础上进行充实和加以定稿。于是——

1973年1月，发表了《论现代汉语中的单位和单位词》（上海人民出版社）。

1973年3月，发表了《汉语提带复合谓语的探讨》（上海人民出版社）。

1974—1975年，修订重印《修辞学发凡》（上海人民出版社）。

1975年起，陈望道的健康状况日益衰退，得长期住在华东医院治疗养病。这样，他就只能在病房或病榻上对整理出来的文法书稿（定名为《文法简论》）逐章逐节进行修改定稿。年逾八旬又五的他，依然思维清晰，对书稿还是字斟句酌。

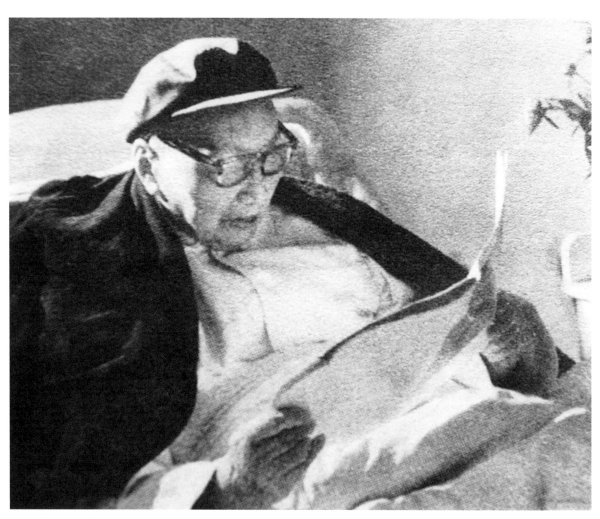

1977年，陈望道在卧病中完成《文法简论》清样的校对工作

《文法简论》书稿终于在 1976 年底完成并送交了出版社。1977 年 7 月书稿校样出来，他在病床上逐字逐句校读了一遍。他说："校书好像扫落叶，往往是每校一遍，都可能捉出问题。"所以，他嘱咐当时在医院里陪护他的笔者，再仔细校一校。校好校样，他改定了"后记"。令人惋惜的是，他没有能看到这本书的问世——书是 1978 年 8 月出版的。

《文法简论》，是陈望道学术活动的"闭幕词"。它写得那样精辟透彻，谨严周密，文风峻洁！

生命不息，攀登不止：这就是《文法简论》所体现出来的陈望道的学术精神。

陈望道的《文法新论》（未刊）手稿

# 追望
## 大道
ZHUI WANG
DA DAO

# 第四章 师道

师者，所以传道受（授）业解惑也。

——韩愈

陈望道一生情系教苑，他说：
"唯教育事业是万古长青的。"
"在我的观念中学生总是占第一位的。"
"我不教学生做绵羊，我教他们做猴子。"
这就是他的教育理念和为师之道。

## 25 在上海大学

"唯教育事业是万古长青的。"——陈望道如此说。

所以,他一生心系教育,热情办学,关爱师生。

1920年9月,陈望道进入复旦大学,开始了为中国高等教育事业作奉献的历程。从1923年8月至1927年4月,他同时担任上海大学的教务、校务工作,更是体现出他办教育的革命精神。

上海大学是上世纪20年代中国共产党和国民党合作创办的一所革命学校。它是由进步学生改组原东南高等专科师范学校而于1922年10月23日成立的。国民党元老于右任被公举为校长;经李大钊举荐,于校长特聘邓安石即邓中夏为校务长,负责主持校政。邓中夏是中共的领导人,时任中国劳动组合书记部主任。同时,国共两党(尤其是共产党)的著名活动家和学界名人,如瞿秋白、蔡和森、恽代英、肖楚女、张太雷、叶楚伧、邵力子、刘大白、俞平伯等都在上大任职任教。这样,上大自然就具有明显的革命倾向和广泛的社会影响。

陈望道曾经回忆,当时,陈独秀给他一张小条子,写道:"上大请你

陈望道为中国高等教育事业作奉献的历程始于1920年秋季进复旦大学执教,图为当时的复旦大学校门,大门边还挂有"复旦实验中学"的校牌

1920年进入复旦大学时的陈望道

上海大学青云路旧址

邓中夏编订的《上海大学章程》

1926年7月上海大学全体教职员合影(二排右四为陈望道)

上海大学的师生始终站在"五卅"反帝斗争的前列

组织,你要什么同志请开出来,请你负责。"署字"知名"。尽管他已同陈独秀意见不和并因此要求脱离组织,但对于作为党的领导者陈独秀所委以的任务,他还是认真地执行了。

当时上大最主要、最有影响的是三个系:社会科学系(主任瞿秋白)、中国文学系和外国文学系(主任何世桢),陈望道到上大即任中文系主任,为学生开设了修辞学、美学、文法研究等课程。同时又任上大最高议事和行政机构评议会评议员、上大丛书审查委员会委员、《上海大学周刊》编辑主任等一系列职务,为把教学活动和社会实践结合起来,为培养大批具有共产主义思想的革命人才倾注了自己的心血。尤其是1925年"五卅"运动的时候,他临危受命,接任了教务长和代理校务主任之职。

上海大学一直站在反对帝国主义斗争的前列。可以说,上大是"五卅"运动的策源地之一。帝国主义列强必欲除去而后快,6月4日,英国海军陆战队武装占领西摩路(今陕西北路)之上海大学,加以查封。陈望道带领师生转移到老西门勤业女子师范学校,旋于6月5日召开教职员会议和全校师生大会,陈望道被推为主席,并同施存统一起被推举起草宣言,通电谴责抗议帝国主义列强的暴行。

陈望道又为筹建新校舍而奔忙,踏勘新址,募捐资金,还代表校方向私商贷款。1927年春,新校舍终于在江湾西镇落成,陈望道以校行政委员会主席的名义通告于4月1日正式上课。但是,不几天,发生了"四·一二"反革命事变,上海大学被蒋介石指令"查办",旋遭封闭。

上海大学虽然只有五年的历程,但它在中国现代教育史上所焕发出的熠熠光彩——其中自然也融进了陈望道所贡献的光和热——却是不可磨灭的!

## 26 出任中华艺术大学校长

1927年"四·一二"事变之后,上海地方党组织为了发展左翼文艺运动,培养和组织进步的文艺队伍,计划筹办一所艺术大学。

1928年田汉等主办了上海艺术大学,但办了一年多即遭查封。当时,还有一所中华艺术大学,原经办人无力维持,地下党决定接办。此事由冯雪峰和夏衍负责。由于当时国共两党斗争的严峻形势,他们不便公开主持校政。学校需要由一位在文化教育界具有相当声望的非党知名人士出面执掌。于是,党组织决定请陈望道出任中华艺术大学校长,并派冯雪峰、夏衍向他发出聘请。陈望道欣然接受此任。冯雪峰、夏衍同陈望道还有着师生之情、战友之谊:在"五四"运动期间浙江一师风潮中,冯是一师的学生(并且是义乌同乡),夏也是一位活跃分子。现在,他们又在新的形势下并肩进行新的斗争,自然更是亲密了。

陈望道主持中华艺大工作,正像他在上海大学一样,鼓励师生关注社会现实,到工厂、到群众中去开展活动。这样,艺大就吸引了不少进步师生和左翼文化人士,成为他们活动的一个中心场所。陈望道作为艺

代表党组织聘请陈望道出任中华艺术大学校长的冯雪峰（左）和夏衍（右）

左联出版的部分刊物

中华艺术大学于1929年正式成立。地址在北四川路窦乐安路（今多伦路），校舍是一幢三层的楼房。艺大设中国文学和西洋画两科。夏衍任教务长兼中文科主任，负责日常校务；他又聘请留学日本的许幸之为西洋画科主任。当时任教于中华艺大的，多为左翼文艺人士，如彭康、冯乃超、沈西苓等

大校长，于1930年2月、3月间曾三次邀请鲁迅到校讲演。鲁迅对于他主持中华艺大是热情支持的。

可是，由于当时党内"左"倾盲动主义的影响，艺大一些师生参与组织飞行集会等冒险主义活动，引起了反动当局的注目，中华艺大于1930年5月25日竟遭查封。当然，它所培养的文艺人才的革命作用和

1930年3月2日,中国左翼作家联盟("左联")成立大会,假座中华艺大召开。鲁迅在此时此地作了《对于左翼作家联盟的意见》的著名演讲。而后左翼艺术家许幸之、沈西苓、王一榴等人所发起成立的"时代美术社",也把艺大作为联络地点,并且在这里召开了他们的第一次扩大会议——对此,陈望道校长是加以支持和配合的。图为左联成立大会会场

能量是"封"杀不了的。

陈望道没有加入"左联",也没有参加其他左翼组织。而他同鲁迅为首的"左联"所领导的革命文艺运动始终采取同一步调,他为党的统一战线策略的运用,奉献了自己的智慧。

## 27

## 桂林山水间的新文化波澜

陈望道在他主编的《太白》半月刊被迫终刊后，于1935年8月应陈此生邀请，到桂林良丰任教于广西师范专科学校。

这所师专于1932年创办在桂林南郊风景胜地——雁山公园。首任校长是广西救国会的一位领导人杨东莼。杨校长办学的进步倾向为军阀当局所不容，只得离校。接着主持校务的是当地救国会的负责人之一陈此生，他广邀各地有名望的进步学者来校任教。经中山大学地下党何思敬的推荐，他慕名向陈望道发出了正式邀请。陈望道遂携其弟弟致道和学生夏征农、祝秀侠、杨枣等四人辗转跋涉来到了桂林良丰师专。陈望道任师专中文科主任，并开设文法学和修辞学等课程。

陈望道一到广西，感受到当地封建意识和崇拜文言的陈腐气息很浓，他就致力于新文化的传布。进校不久，他就作了《怎样负起文化运动的责任》的演讲，深入浅出地说明怎样从日常的社会现象中去认识封建道德、封建意识的不合理，从而实实在在地去加以反对。当时有人给桂林中学的校刊《南薰》写了篇序，文言滥调，骈文老套，保守势力捧它为"杰作"

陈望道（右）和陈此生（左）在广西师专　　游泳——陈望道在广西师专的课余生活

陈望道（后排右三）与广西师专同事合影，右二、右一为陈此生及其夫人盛此君

而在《桂林日报》上大加宣传。陈望道敏感地觉察到这是在向新文化示威和挑战。他奋起反击，组织师生揭露其实质，指出此文告诫青年学生规规矩矩读死书，思想内容极为陈腐；而且语句也多有文理不通之处，特别是拆穿了作者抄袭丘迟名句"暮春三月，江南草长，杂花生树，群莺

乱飞"来冒充自己的创作的骗局。一下子就把其气焰给打了下去,使校园里正气昂扬起来。师生们把这次斗争叫做"打封建鬼"。

为了活跃师生思想和推动文化学术,陈望道还倡导办刊物和墙报,以作为传布新文化的阵地。他和陈此生倡议并支持中文科部分师生创办了《月牙》校刊。《月牙》于1935年11月16日创刊,由夏征农主编,在陈望道指导下师生们通力合作,办得很有生气,对于激发人们

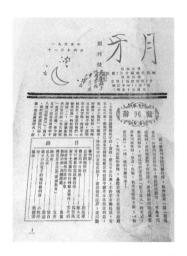

广西师专《月牙期刊》创刊号书影

的政治热情、爱国意志和活跃学术思想、繁荣文化艺术都发挥了积极的作用,在当年广西的文坛上独树一帜,别具影响。

陈望道还亲自倡导学生创办了由他命名的《普罗密修士壁报》。为了丰富和提高同学们对国家、对社会现状的认识,明确自己肩负的使命,陈望道建议壁报出"中国社会性质问题研究"专刊。征文启事一出,就得到全校师生热烈而广泛的响应,稿件纷至沓来,乃至不等审稿编辑,就自动张贴,一时间师专成了壁报世界。林林总总的意见,从根本观点上可归为两大派:一派认为中国是半殖民半封建社会,要走反帝反封建的民主革命道路;一派认为中国已是资本主义社会,要走推翻资产阶级、实行无产阶级专政的道路。后者就是人们常说的"托洛茨基派",即"托派"。双方论战极其激烈。对于托派观点,马哲民、陈望道等人以科学的论证予以批驳。壁报"中国社会性质问题研究"专刊出了四期,把托派驳得体无完肤。

在广西师专的两年岁月，陈望道既以革命的精神掀起了新文化的波澜，又以高雅的情趣享受了桂林山水的神异美妙。学校为陈望道、邓初民等教授的居住建起了具有乡土特色的楼房，楼房依山临水，郁郁葱葱的树，明明净净的湖，徜徉其间，引人遐想。陈望道等人多是单身住校，所以他们住的楼房叫做"红豆院"，而整个院子就叫做"相思院"；于是连那些无名的溪流、岩洞也都一一冠名"相思洞""相思溪"。课余、傍晚他们在此散步、游泳或划船。周末假日，或结伴上城小酌，或自己动手打牙祭。陈望道当年的拿手菜是"百报神仙鸡"：先将鸡浸泡于黄酒（并佐以葱姜等调料）多时，然后用一百张报纸的文火烩熟，起锅时，鸡身金黄，香气四溢，味道好极了。

1936年下半年，桂林师专合并于南宁的广西大学文学院。并校后陈望道继续担任了一段时间的中文科主任。后来学校政治倾向日益向右转，一些进步教员相继离校，陈望道也于1937年7月抗战全面爆发后离校返沪。

陈望道对壁报负责人沈国华说："普罗密修士是希腊神话中造福人类之神。他曾从天上盗取火种带到人间，给人类以光明，又曾传授人们多种技艺，给人类以智慧。就这样，他触怒了天帝宙斯，被缚在高加索山崖，让神鹰每天啄食他的肝脏，备受折磨而始终不屈。因此在欧洲古代文艺作品中，普罗密修士一直是个敢于抗拒强暴，坚持真理和正义，不惜为人类幸福而牺牲一切的英雄形象，受到人们最热烈的歌颂。目前中国也正需要光明，需要千千万万敢于为真理和正义而斗争的普罗密修士啊！我们广西师专的每个同学，都应成为敢于斗争，敢于坚持真理和正义的普罗密修士。"

陈望道既以革命的精神掀起新文化的波澜,又以高雅的情趣享受桂林山水的神奇美妙

赏花——陈望道徜徉在"红豆院"中

## 28 「上海的抗大」

陈望道一直站在抗日救亡运动的前列。

1932年2月3日，他和鲁迅、茅盾、郁达夫等签名发表《上海文化界告世界书》，严正抗议日本帝国主义的"一·二八"侵略暴行，呼吁国际进步力量支持中国人民反侵略战争。

1932年2月8日，他同鲁迅、叶圣陶等人发起组织"中国著作家抗日会"，积极支持十九路军爱国将士抗战。陈望道任该会秘书长。

1933年3月14日，上海学术界举行纪念马克思逝世五十周年大会，陈望道和蔡元培等到会演讲，宣传革命真理。当时，反动当局重重阻挠并戒备森严。陈望道离家赴会时，不带钥匙，慷慨面对白色恐怖，置生死于度外。

1933年秋季开学，他应周予同之请，赴安徽大学中文系任教"普罗文学"课程。国民党反动派惯用"《共产党宣言》译者"的罪名对他进行迫害。他上课时常有军人来监听，此时他就用英语讲课，那些人听不懂，就溜走了。他的行动一直受到监视，于是1934年初就回到上海了。

至 1937 年 7 月，陈望道由桂返沪，即在地下党领导下，与韦悫、郑振铎、陈鹤琴等组织上海文化界抗日联谊会，进行抗日救亡运动。

1937 年 10 月 9 日，他参加上海文化界救亡协会举办的鲁迅逝世一周年纪念会，是主席团成员。

上海抗战爆发后，好些大学无法正常上课。而不少教授——有本地的，也有从北平等外地来的——集中于租界居住或活动。于是，上海文化界救亡协会就运用这批师资力量创办了一所夜大学——社会科学讲习所。讲习所校长由上海沪江大学校长刘湛恩兼任，上课也就借沪江大学设在租界里的商学院进行。讲习所的教师和成员，都表现出爱国家爱民族的精神，积极开展各种抗日爱国活动。日本人自然嫉恨，就称之为"上海的抗大"。

陈望道接受聘请，在社会科学讲习所主讲《中国文艺思潮》和《中国语文概论》，很受当时上海研究和推行新文字以及爱好语文的青年们欢迎。他在课上介绍讲解最新的语言学理论——索绪尔的语言学说，结合当时拉丁化新文字的推行和语文改革的实际，说明研究语文问题的方法。

对于热心从事拉丁化新文字研究和推行的青年人，陈望道还在课堂之外热情加以指导，为他们开书目、改文章，支持和参加他们的语文改革活动。倪海曙回忆说："先生看稿，改文章，很像医德高尚、医术高明的老大夫看病，真是认真细致啊！……对于他的修改，我的印象深极了，等于学习活的文法修辞。先生给我改了文章，有一次还亲自送还给我，那天我不在家，里弄里有个地方在修阴沟，他一不小心，踩进沟里，摔了一跤。事后家里人告诉我，我非常不安，也极为感动。"可以说，陈望道正是在"社会科学讲习所"以《中国语文概论》课为中国语文改革培训了一批人才，而倪海曙是其中的佼佼者——他成为一位杰出的中国文字改革的研究家和活动家。

青年时期的倪海曙

倪海曙在社会科学讲习所听陈望道讲课时的课堂笔记

一头着实了，一头又翘起来了。因此做研究工作要"若存若忘"，长期坚持。他说客观的规律，主观不是一下子能掌握的，要不断探索，不断验证，才能略有所见。

从写文章谈到学术研究，有时候我发现他似乎有寂寞之感。有一次谈话中，记不起谈什么，他忽然背诵苏轼《水调歌头》（中秋）的句子："我欲乘风归去，惟恐琼楼玉宇，高处不胜寒"，我当时不懂，有点茫然，以后懂了，又有点黯然。

9．《中国语文概论》课

1938年下半年，也就是"社会科学讲习所"的第二学期，先生开《中国语文概论》课。除了我之外，上海新文字研究会和其他新文字团体的一些同志，也去听课，人很多。我认为这门课先生是专为我们开的。

先生在这年3月中出席了"上海新文字研究会"举行的"第一次难民新文字读写成绩表演会"，讲了话。4月针对后方国民党中宣部所发虚假开禁拉丁化新文字的令文（同意"在纯学术立场上，加以研究，

或视为社会运动的一种工具，未尝不可"），在上海《文汇报》副刊《世纪风》发表《纪念拉丁化的解禁》一文，要国民党说话算数。同月又出席上海新文字研究会的会员大会，讲了话。5月，他开始研究拉丁化新文字方案。在"上海新文字研究会"理事会提出《请求修改北音方案上名目、说法及排列案》，后来又提出修改江南话方案的意见。他搜集了从明末利玛窦、金尼阁以来的历史上各种重要拼音方案，跟拉丁化新文字方案作了比较研究，在《华美周报》连续发表《拉丁化北音方案对读小记》和《拉丁化北音方案对读补记》等文章。6月，他编辑《拉丁化汉字拼音表》，由开明书店出版，并在"上海新文字研究会"举办的"语文系统讲座"讲了《中国语文的演进和新文学》。7月，他和教育家陈鹤琴发起成立"上海语文学会"，并在《译报》创刊和主编副刊《语文周刊》。9月，在"社会科学讲习所"开这个课。这一年，他忙的全是文字改革方面的事情。

讲《中国语文概论》，先生的情绪比较高。我跟先生也熟了，"联系"更多，有时上课之前到教员休息室去看他，有时上课之后随送他回家。讲了晚上6点就要上课，先生来不及吃晚饭，下课饿了，就由我陪他到附近广东小饭馆去吃点东西。先生和我们在

倪海曙在《春风夏雨四十年——回忆陈望道先生》（知识出版社1982年出版）一书中，深情缅怀陈望道先生积极投身上海文化界抗日救亡活动的事迹

## 29

## 嘉陵江畔风和雨

1940年秋，陈望道从上海经香港辗转到了大后方重庆，于1941年秋重返阔别了多年的复旦大学。

复旦大学在抗战爆发后，先迁庐山，后迁重庆，于北碚夏坝设校。

北碚是重庆北部的一个小镇，距重庆约一百二三十里。它坐落在嘉陵江南岸，其上游是北温泉，下游是观音峡，夏坝正与观音峡相对。夏坝原名"下坝"，是上游"上坝"一名的对称。是陈望道将它改名"夏坝"——寓意华夏之坝、青春之坝，而为公众所赞可。

复旦刚迁校重庆，由吴南轩任代理校长，孙寒冰任教务长。

1940年5月27日，日寇飞机轰炸复旦大学所在地黄桷镇，王家花园的教师宿舍被炸毁，年仅三十八岁的教务长孙寒冰教授及其他师生共七人罹难。这次轰炸，许多师生受伤，不少校舍被炸毁，学校在教学、管理等方面处于混乱状态。代校长吴南轩有意要借助陈望道在文化教育界和进步师生中的声望和影响来帮他整顿、收拾这个局面，所以再三请陈望道出来协助学校当局共同办好复旦大学，而且无论如何要他担任训导长——这个国民党时代大学里直接监管学生乃至教师活动的角色。陈望道自然不肯轻易应承。后来由于地下党的授意,他才于1942年3月答应了。因为学校进步力量方面也希望陈望道出来稳住学校局势,凭借他的声望和影响来保护革命师生。当时的情况是,此事如果他不出来担当,总会有人出来担当,要是让一个反动分子出来,那就会使进步力量遭到打击。权衡得失,思之再三,陈望道领悟了地下党

复旦大学迁校重庆时期的信笺

的意向,才同意接受这一职务,但得有条件,那就是:一、不受训(按国民党当局规定,任训导长都要受训);二、只做半年;三、自己愿意怎样做就怎样做。只是在这样的情况下,他才做了一段时间训导长。

陈望道正是利用这个职务掩护了地下党员,保护了进步学生。1941年初,国民党发动"皖南事变",又一次掀起了反共高潮。此时,有消息说,反动派要到复旦校内来逮捕地下党员和积极分子。于是,校中身份已经暴露的地下党员和积极分子,就都由中共北碚中心县委安排转移了出去,这也就挫败了国民党的阴谋,保护了革命力量。在这个过程中有着陈望道的一份功劳——这是当年地下党中了解内情的同志都知道的。

1941年11月25日,国民党政府批准复旦大学改为国立,任命吴南轩为校长。至1943年2月,任命章益为校长。

此时,复旦大学成为周恩来所领导的中共南方局的一个活动据点,复旦校园里的抗日民主运动日益发展和壮大。与此同时,国民党也不断

1943年新闻系学生杜才子与吴纨结婚现场（站立新郎旁第一人为陈望道）

加紧对复旦大学的控制，双方的斗争很是激烈，尤其随着抗战胜利、国民党发动内战，斗争的形势更为严峻。

陈望道自然也就受到敌对势力的严密监视，但这并不能割断他同地下党的密切联系，也不能割断他同进步师生的亲密情谊。他和夫人蔡葵在学校北面的东阳镇上租住两间平房，过着简朴的日子。这两间平房坐落在名叫"潜庐"的院子里。"潜庐"院中的其他房屋是地下党的活动场所和进步刊物《中国学生导报》的办公室。陈望道对负责联系他的地下党同志邹剑秋说："请把党的意图告诉我，我会知道怎样行事的。"正是这样，他机智地配合地下党组织展开对敌人的斗争，保护了进步学生并鼓励和支持他们走向革命。

1945年10月，抗战胜利不久，毛泽东亲临重庆参加国共会晤。其间，毛泽东安排时间会晤了复旦大学张志让、陈望道、周谷城等教授,给大家很大鼓舞。他们在地下党组织的领导下,同广大进步师生一道举办"和平、奋斗、救中国"的大型讨论会。陈望道在发言中愤怒地抨击国民党打内战的反动政策。1946年1月,旧政协开幕之际,陈望道和周谷城、张志让、卢于道、张孟闻、方令孺等教授,参加重庆复旦大学进步学生团体举办的"和平建国座谈会",呼吁人们起来为争取和平、民主和反对内战、反对独裁而斗争。

位于重庆北碚夏坝的复旦大学校门

陈望道在新闻系学生杜才子与吴纨结婚纪念丝缎上签名祝福

陈望道在重庆任教于复旦大学时的住所——东阳镇潜庐

## 30 "记者之师"

陈望道是我国现代新闻教育事业的一位创始人和开拓者。

他早在1924年，就于复旦大学国文部（中国文学系的前身）开设了"新闻讲座"之课；至1926年，又扩展为中文学科的"新闻学组"，他和邵力子、叶楚伧等共同讲授新闻学的课程。办学数年，颇具声誉，遂于1929年9月正式成立新闻学系，由谢六逸任系主任。这是当时全国首创的一个新闻教育机构。其时陈望道任中文系主任，但他始终关心新闻教育。

复旦大学在重庆期间，先由程沧波（国民党《中央日报》社社长）兼任新闻系主任，因受到进步师生的反对，于1942年离校。校方遂任命陈望道为新闻系主任。新闻系是复旦校园里最活跃的一个系，学校里参加进步团体和民主运动的同学大多数是新闻系的。陈望道任系主任，得到了新闻系学生的热情欢迎和爱戴。

陈望道主持新闻系系政，把"宣扬真理，改革社会"作为以科学和民主精神办系的一个纲领。他于任职的第二年（1943年），提出"好学力行"四个字作为系铭，勉励学生。而这正是体现了他一贯主张的办学原则：

陈望道任复旦大学新闻系主任后提出"好学力行"四个字作为系铭

陈望道任复旦大学新闻系主任时用的名片

学行并重。

1945年4月5日。重庆北碚,复旦校园西北角,新建造的十几间房舍。

重庆文化界、新闻界人士萧同兹、王芸生、潘梓年、胡秋原等及复旦师生共五百多人济济一堂。这里正在举行复旦新闻馆的开幕典礼。

开幕式在礼堂举行,由邵力子致词。新闻馆由邵力子夫人傅学文剪彩。

"复旦新闻馆 天下记者家",这副对联贴在新房舍的大门上,是那样的耀眼,精彩。

这座新闻馆,是陈望道亲自发起建立的,从1944年4月开始募集资金,同年9月奠基,于1945年3月落成。为了募捐,他在烈日炎炎的7月亲自到重庆市活动,借住在友人家,中午以烧饼充饥,晚上睡在臭虫多多的床上。在邵力子等校友的支持下募捐成功。新闻馆落成时,他因疲劳过度,卧病一月。建新闻馆是他"学行并重"办系主张的一种实践和呈现。他在新闻馆开馆典礼上作了《新闻馆与新闻教育问题》的讲话,说:"现在中国新闻教育机关急需解决的问题似乎有两个:一个是如何充实教学的设备与内容,使有志新闻事业的青年更能学以致用。二是如何与新闻事业机关取得更密切之联系,使学与用更不至于脱节。筹建新闻馆是想尝试解决第一个问题的一部分,以为解决第二个问题的基础。……我们切望能与新闻事业机关合作,能够以形影似的亲密关系开辟自己的前途,谋求人群的幸福。"

大学里建立新闻馆,是当时新闻教育事业的一个创举,得到了社会各界尤其是新闻界的广泛赞许和热烈祝贺。《新华日报》发来了"为新闻自由而奋斗"的贺电。国民党元老于右任也发来了"新闻自由万岁,中华自由万岁"的演讲辞。

新闻馆的建立,为新闻学的教学实习提供了一个良好的基地。新闻馆设有编辑室、会议室、印刷所、图书阅览室以及收音广播室等工作场所,方便师生们展开自己的活动,尤其是"复新通讯社"的活动,更富有勃勃生气。

"复新通讯社"是新闻系建立不久,于1931年所设置的一个学生实习机构;1937年迁校时停办,1943年3月恢复活动,设编辑、采访、总务三部,所发稿件常为各大报社所采用。此时,陈望道兼任复新通讯社社长,系里开设录音实习课,就于馆内收音室以录音实习之名,收听延安

在复旦新闻馆开馆典礼上发表"记者生活最艰苦,记者精神最快乐"讲话的邵力子先生

1945年4月5日,陈望道在复旦新闻馆开幕典礼上的讲话《新闻馆与新闻教育问题》

广播,辑录新华社的重要消息,及时传播于复旦校园,再传播于社会。此事,不久为中统特务发觉,蒋介石下手谕责令教育部长朱家骅对陈望道等予以查办。陈望道与地下党同志共同商量对策,并得到章益校长的化解,机智地避开了危险。

正是在陈望道的主持下,复旦新闻系在重庆的艰难岁月里获得了长足的进展;又于1946年随校迁回上海,直至新中国成立,不断发展,声

1944年9月1日，陈望道（二排右四）参加复旦大学新闻馆奠基典礼

陈望道（前排左三）和新闻系师生合影于陈望道题写馆名的新闻馆（复旦大学迁沪后馆址）前

1950年代站在复旦新闻馆旧址楼上，陈望道（左三）抚今追昔，心潮起伏

1960年代陈望道先生重游复旦新闻馆旧址

誉日盛。

1949年4月5日，上午八点半。上海北郊国权路茶馆二楼。

复旦新闻系的师生在这里为他们爱戴的系主任陈望道举行庆祝活动——庆祝陈望道执教三十周年暨五十九岁寿辰。

参加这次盛会的除了本系教师和学生及其他系科的师生代表，还有兄弟学校的代表，还有文化界、新闻界、教育界的人士，还有从外地赶来的校友。

庆祝会开始，就有两男两女共四位同学向陈望道敬献了两只花篮、两座银盾。第一座银盾写着"百世流芳"，是受业伍蠡甫、舒宗侨、葛克雄等近三十人敬献；另一座银盾写着"学界泰斗"，是后学陈子展、曹亨闻、赵敏恒等近二十人敬献。复旦大学新闻学会发来了致敬信。还有几个金华籍学生赠送"青年导师"的锦旗一面。而尤其引人注目的是，学界前辈于右任特地从南京寄赠手书的立轴一幅，上面写着四个大字："记者之师"。

会上，章益、徐蔚南、汪静之等均致词赞扬陈望道诲人不倦和力倡新文化的精神。还有十几位师生的发言也都充满着激情，颂扬他的师德，称道他的业绩。

陈望道诚挚地致答词，感谢大家的祝贺，他谦逊地说："'五四'以后，看到时代正在变，而且变的劲头很大，于是就学先进人物的步子，跟着人家加快步伐走几步，提高嗓门呐喊了几声。……我不过在纸头上呐喊呐喊而已，这种呐喊不过是催促生命早点降生。我不过是听从时代的召唤，喊了几声，实在谈不上什么贡献。"听从时代召唤，为新生命的诞生而呐喊——陈望道就是以此作为自己的历史责任。他之所以倡导新闻教育，也正是为了这样的呐喊。

1948年6月13日,陈望道与复旦大学新闻系"八婺同学会"毕业同学合影于新闻馆前(前排右三为陈望道)

复旦大学新闻系师生为陈望道执教三十周年暨五十九岁寿辰敬献的锦旗

为庆祝陈望道执教三十周年和新闻馆成立四周年，复旦大学新闻学会给陈望道先生写来了热情洋溢的贺信

这次庆祝活动，生动地表达了复旦新闻系师生和陈望道的深深情谊。

在1952年全国高校院系调整中，陈望道又以他独特的努力维护了复旦新闻系的地位。原先复旦新闻系是要被调整出去的，全国新闻系只保留中国人民大学一家。陈望道为此事两次上北京要求复旦能继续办新闻系。第二次直接找了周恩来总理，总理向毛泽东主席作了汇报。毛泽东表态：既然陈望道要办，就让他办吧。这样，复旦新闻系得以保持自己的基业，并获得了新的发展空间。

复旦的新闻教育，今天能有这样的规模，这样的地位，这样的影响，这样的风貌，复旦的新闻学人、学子们真是应当永远感谢和纪念陈望道这位"记者之师"啊！

在中国新闻教育事业发展史上，陈望道的贡献也将永垂史册！

## 31 不教学生做绵羊，要教他们做猴子

陈望道说："我不教学生做绵羊，我教他们做猴子。"——他的教育思想就是要让青年学生富于活力，善于思考，敢于创造。

所以，他的办学风格是开放式的，对于各派观点、各种理论都是兼容并蓄，教学生学会比较辨析，进行独立思考，养成科学精神。他就是这样办新闻系的——

陈望道主持新闻系是兼容并包的。教授中有欧美新闻派代表赵敏恒；有国民党中央委员人称"诸葛亮"的祝秀侠；有《星岛日报》特派员王研石；有塔斯社记者舒宗侨；还请了国民党元老于右任、邵力子、叶楚伧等人授课。美国新闻代表团还来新闻系讲新闻自由、无匮乏自由等四大自由。

那次，重庆新闻界人士来访。《新华日报》社长潘梓年抨击国民党贪污、腐化、不民主；国民党中宣部的赵漠野辩解："中国这么大……"他的意思是"虽有黑暗却情有可原"。《大公报》的王芸生从中打圆场，主张"和为贵"。陈教授把左中右三种观点，亮在同学面前，让大家各自咀嚼、分析、研究吧！（邵嘉陵《夏坝学人芬芳圃·穿长衫的陈望道》）

1946年,陈望道(前排左六)与复旦大学新闻系师生在复旦大学校门口合影

这就是陈望道的办学风格。

陈望道的课堂教学也是启发式的,他常常提出问题跟同学们讨论,他把自己作为平等的一员,但能把大家引领到解决问题的路径上去。他为新闻系学生讲授"修辞学""中文新闻文选"等课程。中等身材的他,穿着布长衫,说话带着浓重的浙江义乌口音,而讲解得条理分明,深入浅出,循循善诱,还常多诙谐之语。他是这样上课的——

1965年5月,陈望道和复旦大学新闻系师生一起欢庆复旦大学创办六十周年

本校圖立復旦大學全體師生向新學年十日留影民三十七年

陈先生在三尺讲台上,给我们讲授"我们"和"咱们"的区别,在黑板上写着:"1、我们=我+你+他;2、咱们=我+你。"他指着这醒目的板书,以提问、启发的方式、深入浅出,把二者的区别讲得一清二楚。课毕,他向全班同学宣布了一件事:"结合修辞学的教学搞一次征文活动,我出题目,学生做文章,题目是:《双与对的区别》。一周之内交稿,然后评选出三名获奖者,奖品由我私人发给……"陈先生一口浙江义乌话,言辞简朴,话音刚落,顿时教室里活跃起来了。同学们觉得上陈先生的课,有创新、透彻、愉快之感觉,觉得时间过得快,不想下课。(杨柱《老师陈望道》)

他发的奖品也就是书籍、钢笔、方格稿纸之类文化用品,虽不重但是贵,贵在鼓励学生发扬创造力,贵在联结师生的情深谊长。所以,他的讲课很受学生的欢迎。

这就是陈望道的教学风格。

## 32 驱走黑暗，争取光明

抗战胜利后，国民党统治区人民掀起"反饥饿、反内战、反迫害"的民主运动，一浪高过一浪。陈望道在民主运动中又是挺立于浪潮的前头。

他参加了地下党所领导的上海地区"大学教授联谊会"；又参加了旨在联合华东地区十六所高校的"大学教授联合会"，并任会长。后来两个"大教联"组合在了一起，陈望道主持工作，积极依靠地下党组织，各项活动都展开得很热烈。

复旦是具有爱国、民主传统的一所学校，在重庆时期，它被誉为大后方的一座"民主堡垒"。迁回上海后，国民党力图控制复旦，派遣了不少特务学生入校，曾经多至二百多人。进步与反动、光明与黑暗的斗争十分激烈而尖锐。

1948年下半年，国民党特务分子所控制的专门跟进步刊物《复旦新闻》对着干的"新新闻社"，组织一些右翼学生搞了一份"给新闻系陈望道主任的公开信"，列举复旦新闻系的所谓"赤化"的种种情况，叫嚷这种种"赤化"情况的发生"陈望道系主任应负总的责任"。他们把这封信

陈望道支持学生运动的签名

1947年5月19日，上海七千多名大专院校师生汇集北火车站，为上海学生代表赴南京请愿送行

张贴在校门口的一个大铁桶上,又将抄件送至陈望道家中。面对这种公开的陷害、打击和威胁,陈望道毫不畏惧,气概凛然。

他和其他进步教授一起为"应变护校"而努力活动。1948年底,国民党教育部暗中策划要将复旦大学迁往台湾,激起了全校一千多名师生签名反对,并于1949年2月22日组织成立了"复旦大学师生员工应变委员会"。这个委员会由各方面代表十九人组成,陈望道为教授代表,并担任副主席。他为团结各方面可以团结的力量做了许多工作。他为驱走最后的黑暗、迎接光明的到来而尽心尽力。

国民党节节败退之际,疯狂地对进步人士、革命志士下毒手。陈望道自然又上了他们的黑名单。复旦地下党组织通知他尽快转移到市区加

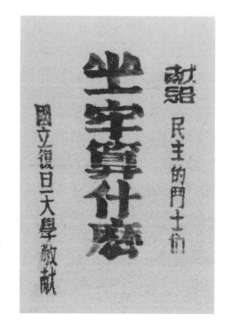

1948年1月29日,复旦、交大、东吴等二十七所大中学校学生赴同济大学声援同济学生的民主斗争,国民党当局出动大批军警镇压逮捕学生二百多人。图为复旦大学学生会送给被捕学生的锦旗

1948年3月15日，复旦、交大等各高校学生在上海地方法院门前集会，抗议反动当局迫害被捕学生

以隐蔽。他就请舒宗侨在市区设法安排。临走前陈望道还亲自到同济大学的郭绍虞教授家中，请他也赶快转移。危难时，他关心着朋友的安全。

陈望道通过舒宗侨最后转移到爱国银行家（景源钱庄老板）叶波澄家中隐蔽起来。上海地下党高校负责人曹未风又特地给他弄来了一张化名的身份证。这样，他就在叶家迎来了上海的解放。

1949年5月26日，上海解放的前一天"大教联"改选理事会，陈望道被推选为主席。6月初，他又当选为天亮后的"上海教育工作者联合会会长"。这正是对他在黎明前的黑暗中所作斗争功劳的肯定。

## 33

## 倡导新的学风和校风

1949年5月27日,上海解放。

复旦新生了。

1949年7月29日,上海市军事管制委员会任命张志让、陈望道等十七人组成复旦大学校务委员会,张志让为主任,陈望道为副主任,周谷城为教务长。因张志让在北京任职,未能到校,学校工作由陈望道负责。

陈望道主持校委会,贯彻新中国的教育方针,对学校旧体制进行改造,提高全校师生的思想认识。从1949年秋至1951年底,全校进行了五次课程改革,使教学任务得以明确,教学秩序走向正常;同时,在经济困难的条件下,改善办学条件,改善师生员工的生活。

当时,全国高校正在开展知识分子思想改造运动。1952年1月复旦大学成立思想改造学习委员会,陈望道为主任委员。

1952年全国高校进行了院系调整。经过调整,复旦大学整合了连自身在内的十九所高校的相关系科,是全国院系调整中组合高校最多的,由此集中了来自各高校的一批知识界的杰出人士,同时也就难免出现一

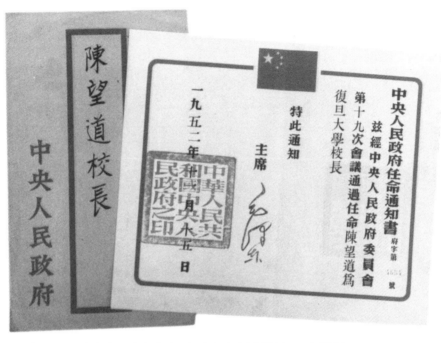

1952年11月，中央人民政府主席毛泽东任命陈望道为复旦大学校长

1949年7月主持复旦大学校委会时的陈望道

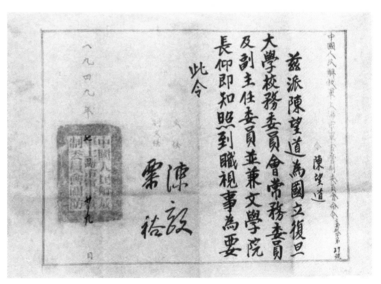

1949年7月，陈望道被任命为复旦大学校务委员会副主任委员，负责学校的教学和行政工作。图为上海市军管会主任陈毅、副主任粟裕签署的任命书

1953年陈望道与毕业同学合影

些人事关系复杂的局面。

当时陈望道已在1952年10月被中央人民政府政务院任命为复旦大学校长（毛泽东主席的委任状则于当年11月15日签署）。当时大学实行校长负责制。陈望道主持校政，他气度恢宏，爱惜和尊重人才，善于协调来自不同学校的人事关系，很好地团结各方面的人物和力量，使复旦的教学、管理稳步前进。自然，他也就受到了大家的敬重和爱戴。

陈望道提议将复旦大学校庆日定于5月27日——上海解放的日子，校务委员会通过了他的提议。

陈望道提议校庆之日举行科学讨论会，以推动全校科研活动——他认为像复旦这样的大学应该重视开展科学研究，使科研和教学相互促进。根据陈校长的建议，1954年的复旦校庆即举行了复旦大学首届科学讨论会，从此相沿为一个传统。

1956年元月，全国吹响了"向科学进军"的号角。

陈望道认为复旦大学已经发展到了大力开展科学研究工作的阶段。他邀请了陈建功、苏步青、周同庆、周谷城、吴文祺、谈家桢、吴征铠等著名教授举行座谈，讨论如何规划推进复旦的科研活动。他又召开校务委员会议，讨论复旦当前科研的问题，提出要求，得到了大家的支持。这样，整个复旦掀起了向科学进军的热潮，文理各系科，科研工作都很活跃，取得了很多的成绩。陈望道在1956年校庆的开幕词中说："我们希望我们学校将来成为百花齐放、百家争鸣的非常美丽的小花园。"

同时，陈望道也始终把搞好教学、培养人才作为学校工作的中心任务。他主持校务委员会，对复旦的课程设置、教学内容、教学方法以及教学秩序、教学纪律的管理等方面，都根据社会发展的需要进行改革，制定规章，使复旦的教学质量不断地得到提高。

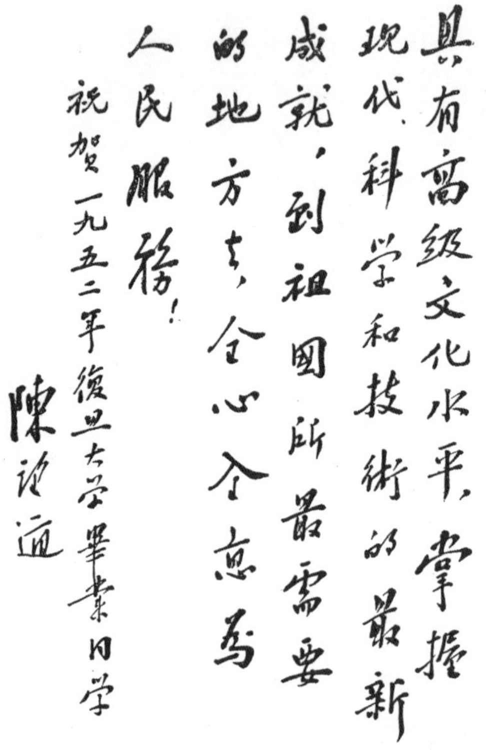

综合大學應當廣泛地經常地結合教學，開展科學研究工作，為祖國建設服務。今年校慶的種種活動一如舉行科學討論會、著譯展晚會等，就以促進科學研究為中心。这是一個創舉，希望大家合力完成这個創舉。希望大家踏踏實實地有所成就，爭取更大的成就。

陳望道書於校慶前夕

具有高級文化水平，掌握現代科學和技術的最新成就，到祖國所最需要的地方去，全心全意為人民服務！

祝賀一九五二年復旦大學畢業同學

陳望道

陈望道为复旦大学 1952 年毕业的同学题词

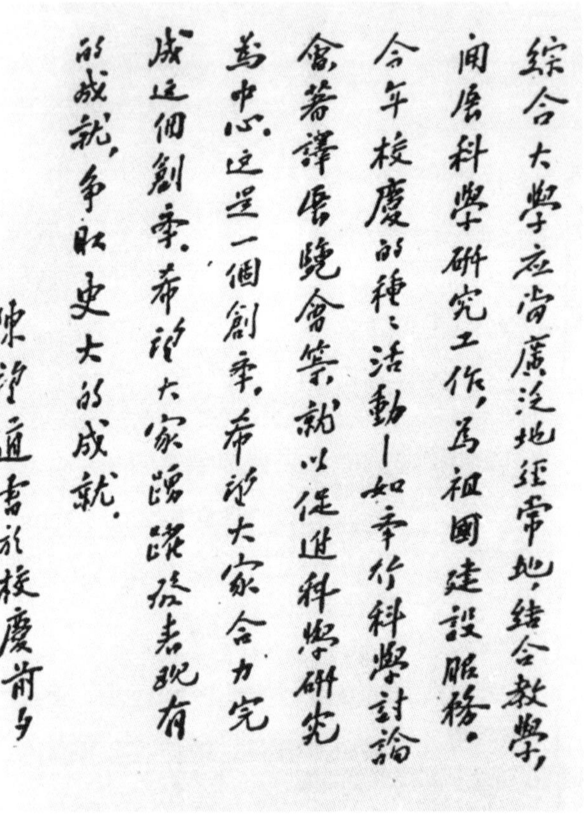

1954 年复旦大学校庆前夕，陈望道校长为复旦大学首届科学报告讨论会题词

陈望道倡导学风与校风建设。他特别于1961、1962、1963年三年时间里先后多次发动讨论怎样建设一个好的学风和校风。1962年6月一次校务工作会议上，他说："我们不仅要抓成果，而且要抓认真和实事求是的科学态度。用科学态度来分析问题，这要养成学风。研究成果是要从科学态度得到的，学风很重要，在好的学风下面可以成长成材。"

"实事求是的科学态度"，这就是陈望道所倡导的学风和校风的精髓。

1963年3月26日，陈望道主持校务委员会召开的扩大校务会议。地点：登辉堂（今相辉堂）。出席者：全体校务委员，全体教师，全体研究生，行政负责人。议题：学风、校风建设问题。——召集这么多人在这么大的范围里专门讨论学校的学风、校风建设问题，可说是复旦校史上空前的创举。这也说明了陈望道作为一校之长，对学风、校风建设有着何等的责任感和紧迫感！

就在这次扩大会议上他对学风、校风建设作了全面的论述，接着又在1963年校庆开幕式上作了重要的阐释。他认为学风问题是学校工作中最广泛、最基本的问题，是学校"一切种种的综合表现"；学校应该培养学风、提高学风，这要靠大家长期不懈的努力来形成。他提出学风建设最主要的两个方面：一是要有好的思想来指导教学和科研，这就要努力学习马克思列宁主义、毛泽东思想作为工作的指导——而坚决反对用马列主义词句贴标签；二是实践上要专心致志向科学技术作精益求精、坚持不懈的努力——也就是讲究实干，反对说空话。

1956年5月,陈望道校长主持复旦大学五十一周年校庆暨第三届科学报告讨论会

1963年3月,陈望道在校务委员会扩大会上满怀激情地说:"我希望全体师生员工,在党的领导下,同心同德,在我们学校中更好地发扬新学风,使复旦大学的科学研究工作一年比一年繁荣,成果一年比一年丰富,学校的教学质量和科学水平一年比一年提高,不愧为我们伟大的党领导下的一个现代化大学。"

学习马克思列宁主义、毛泽东思想

我们经常说学习马克思列宁主义毛泽东思想，有时也只说学习毛泽东思想。

我们学习 好毛泽东思想的指导，来指导我们的语言工作，作为思想来学，也作为学术来学，为红而学，也为专而学。

我们研究已经出版的，也研究没有出版的，或者留心着将出版还没出版的，以便全面地、也系统地，比较全面地了解毛泽东思想。

我们学习毛泽东思想是想以毛泽东思想来指导我们的研究，也因为大家普遍的学习毛泽东思想，正在以毛泽东思想的指导而运用语言，我们能够更深一层地了解毛泽东思想，也就能够更深一层地了解语言现象。例如现在也在变化不定的一个e字，有  又如计划生育

答愤备强  答奢备贫  奋发备强

等等， 总之旺盛何都为此，便没用

陈望道倡导学习马列主义、毛泽东思想的报告提纲手稿

## 34

## 复旦园里一园丁

陈望道办学治校有一个鲜明的理念和态度，那就是：把关心人、爱护人、培养人放在第一位。他真诚地奉行"尊师爱生"之道：他尊重关心复旦的每一位老师，他爱护关心复旦的每一名学生。办好大学，充分发挥专家学者尤其是名家名人的作用很重要，但同时一定要充分调动所有复旦人的积极性，这也就要关爱所有的复旦人。这是陈望道的一种办学思想。

所以，他对于关系到复旦师生日常利益的事，时时摆在心上，尽力去解决。

复旦地处上海北郊五角场地区，是在城乡接合部，上世纪五六十年代，教职工宿舍大多分布在邯郸路南侧。当时，这里的商业网点的布局、副食品的供应、道路交通的管理以及一些设施，都落后于市区很多；同时，户口又归属郊区，在当时生活物资计划供应的标准上与市区差距很大，粮票、油票少，点心票几乎没有。他作为一校之长，对此真是牵肠挂肚！他一再地向有关部门反映复旦员工生活的实际困难，呼吁能尽快帮忙解决，并提出将复旦划为市区的要求。尽管所有事情不能很快如愿，但大

1959年春节，陈望道在复旦大学春节茶话会上向全体教职员工拜年

1965年5月复旦建校60周年时，陈望道（左三）和夏征农（右二，时任中共华东局宣传部长）、杨西光（右一，时任中共上海市委教育卫生工作部部长兼复旦党委书记）、陈同生（左二，时任中共上海市委统战部长）、舒文（左一，时任上海市科学技术委员会主任）在复旦大学登辉堂前合影

家看到了老校长在为他们操心，也就有着一份感激之情。

陈望道对复旦师生员工重情重义，关爱体贴。有一个他请贾植芳教授"帮助花钱"的故事：有一天，陈望道夫人蔡葵对贾植芳教授说："我们陈先生说，你贾先生手面大，这点工资怕不够开销，我们两人的工资花不完，请你帮我们花一些。"他们每月送贾先生四十元。贾教授说："他如果说是资助，我是不会接受的。他叫我帮着他花钱，我当然只好收下了。"这种请人"帮助花钱"的事，在他已是常事了。解放前，他就经常拿出自己的工资资助穷学生，有时拿回家的工资都会少了许多。

"在我的观念中学生总是占第一位的"，陈望道这样说。的确，他对青年学生，就像对待自己的儿女，既严格要求，又关爱备至。

贾植芳教授在讲述陈望道要他"帮助花钱"的往事

他对学生很慈爱。看到学生中近视现象增多了，他就心里焦急，会在校务委员会议上屡次提出改善教室、宿舍、阅览室的照明条件的要求。

1958年学生开展勤工俭学活动。他是勤工俭学指导委员会主任委员，就及时关照和提醒有关方面务必注意青年学生正在长身体的特点，劳动量不能和工人、农民一样，要放宽些——这对于防止和纠正当时某些过"左"的做法是起了作用的。

对于学生的惩罚，他更是慎之又慎。他常说学生来复旦读书很不容易，轻易不要处分。有过错，重在教育，能保，就尽量保。

陈望道情系复旦人。直至生命的最后岁月，他还不断为将复旦的户口划归市区而操心。他病卧华东医院，病重时，市领导来看望他，问他最后还有什么要求，他说:我个人别无所求，只是想为复旦说句话，一定请解决好把复旦划归市区的问题——这在当时是一件关系到复旦师生员工切身利益的事，可以使复旦师生员工生活得到改善，有利于学校的发展。他把关心、爱护复旦师生员工，为他们谋利益当做是自己应负的责任。他尽责到了生命的最后一息。

陈望道为复旦校园的建设倾注了自己的心血。

上世纪五六十年代，复旦校园规划重心东移，逐步形成了以新校门、物理大楼为中轴而分布配列的格局。1965年校庆，学校规划面对国年路建造新校门，当时造价要2万多元，而上面计划拨款只有1万元。此时，陈望道拿出自己多年积蓄1万多元来承担欠缺的款项。新校门落成通行，给复旦校园带来了新气象。

陈望道以极大的热情关注着校园规划，对于每一个方案都亲自参加讨论和审定。他积极提出自己的想法和构思。他认为，校园建设应当呈现出幽静、雅致的美，给师生造成一个良好的学习、工作的活动环境。

陈望道陪同外国来访学者参观复旦大学

陈望道（左一）以极大的热情关注着校园规划

因此，在布局上要注意：

其一，建筑物要介乎有形与无形之间，即介乎看得见与看不见之间，不宜一览无余，无所隐藏，而要有层次，有韵味；

其二，校园内道路的开筑要有工作区与非工作区之分，工作区的道路宜直（适于行动），非工作区的道路宜曲（适于情趣），曲直相间形成错综美；

其三，绿化布局向公园靠拢，环境绿化要讲究艺术：花木的配置排列不可单调，可在林荫下设露椅，既可点缀校景，又可供人休憩。

同时，他运用美学的眼光对校园建筑的细节加以考究。复旦园内道路旁的宫廷式路灯，就是他亲自设计并下到校办工厂加以布置加工制成的。那一盏盏富有宫廷风格的路灯，在夜晚散发出淡幽的荧光，给漫步在校园的人们一种宁静、幽雅的享受。

为了美化校园，1963年他陪夫人蔡葵去青岛休养时，用自己的工资一千多元从青岛购买了百日红、马尾松和蚊母树等花卉树木，带回来亲手种植在校园里。他的这种奉献精神，一时传为美谈，受到复旦师生的称赞。可惜的是，这些花木，在"文革"中被造反的红卫兵采取"革命行动"挖去了，他们诬陷陈望道是为自己树碑立传。

复旦校园内道路旁的宫廷式路灯，出自陈望道的亲手设计

1958年陈望道校长在新落成的图书馆与教职员工一起参加义务搬书活动

陈望道陪夫人蔡葵在外地疗养

陈望道在黄山迎客松前

1956年5月27日陈望道校长（右一）参观复旦研制的中国第一台计算机

陈望道在复旦大学物理楼前

看今朝，复旦春满园

这里真用得着杜甫的两句诗："尔曹身与名俱灭，不废江河万古流。"陈望道将万古留芳。

今天，复旦春满园。

复旦园，是复旦人精神的家园，事业的家园，乃至生活的家园。陈望道在复旦园里辛勤耕耘了半个世纪。

他是复旦园内的一位园丁，一位平凡而伟大的园丁。

1959年8月,陈望道(二排穿中山装者)率复旦教师赴黄山参观访问

陈望道与夫人蔡葵(右三)陪同内弟蔡希陶(右二)、蔡希岳(左一)、蔡希宁(右一)参观复旦校园

陈望道与复旦大学党政领导在物理楼前合影。①党委书记陈传纲，②校长陈望道，③副校长苏步青，④中文系主任朱东润，⑤副校长谈家桢，⑥机关杨师曾，⑦化学系主任严志弦，⑧中文系教授、副教务长鲍正鹄，⑨党委宣传部长徐震，⑩历史系主任蔡尚思，⑪机关喻蘅

# 追望大道
ZHUI WANG DA DAO

# 第五章 存道

白头惟有赤心存。

——杜甫

桑榆岁月中的陈望道，

他德高望重，遐迩同钦，

耄耋之年有言曰：

"我信仰马克思主义。"

"活着一天，就要为党工作一天。"

## 35 大家都称他"望老"

上海解放和新中国成立之际,陈望道已年届花甲,但他老当益壮,热情地参加新中国的建设事业。作为著名的社会活动家,他的革命生活又揭开了新的一页。

1949年7月初,他赴京参加"第一届中华全国文学艺术工作者代表大会",受到中央领导的接见。

1949年12月,被任命为华东军政委员会委员。

1950年4月,出任华东军政委员会文化教育委员会副主任和华东军政委员会文化部长。

1952年10月,就任华东行政委员会委员、华东行政委员会高教局局长。

特别重要的是,他积极参与了政协的工作和人大的活动。

1949年9月,陈望道作为一名特邀代表出席了政协全国委员会第一次会议。此后他历任第二届全国政协委员,第三、四届全国政协常委,并任上海市政协第二、三、四届副主席。他为政协工作的展开作了不少

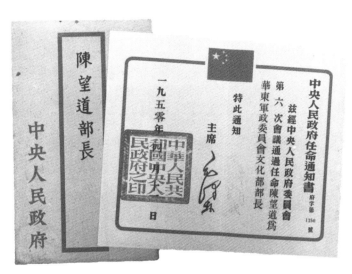

毛泽东主席任命陈望道为华东军政委员会文化部部长的任命通知书

1949年6月，陈望道（前排右四）赴京参加第一次全国文学艺术工作者代表大会时在车站留影

1954年10月，陈望道（二排左二）在北京出席第一届全国人民代表大会

实际的贡献。

　　1954年10月，他参加了第一届全国人民代表大会。此后，他连任第二、三、四届全国人大代表，并任第四届全国人大常委。他还是上海市人民委员会历届委员。作为人民代表，他积极地反映人民（主要是知识界）的要求。

陈望道当选第一届全国人民代表大会代表的当选证书

1949年9月，陈望道参加中国人民政治协商会议第一届全体会议时的代表证

陈望道当选第二、第三、第四届全国人民代表大会代表的当选证书

他于1951年6月由沈志远、苏延宾介绍加入中国民主同盟，而后他在盟内长期担任领导职务：民盟上海市第三届副主任委员，第四、五、六届主任委员，民盟第三届中央副主席。他在主持民盟上海市委工作期间，为促进民盟的发展而尽心尽力。

在1957年的"反右"运动中，眼看那么多人被打成右派，变成了敌

1950年2月华东军政委员会第一次全体会议合影（前排左二为陈望道）

陈望道出席华东军政委员会第一次全体会议

陈望道在民盟上海市第六次盟员代表大会上

我矛盾，这使陈望道感到困惑。尤其当好些个同事、学生拉着他的手痛哭着表白自己并没有反党之意，请他拉一把的时候，他的心情沉重而苦闷。同时，他的确也尽量做了些工作，帮助了几位教授幸免于难。

至于对已划了右派的人士，他与人为善，关心他们，希望并帮助他们尽早"摘帽"。老朋友沈志远被划成右派，精神极度痛苦，情绪极度不安，陈望道就去和他作交谈、劝慰与开导。1965年1月，摘去"右派"帽子的沈志远病逝，有关方面举行了一个简而又简单的"告别仪式"，陈望道以好友的身份去参加了。这在当时真是很难得的。

陈望道为贯彻党的统一战线政策和党的知识分子政策做了许多卓有成效的工作。他自己是专家、学者，懂得尊重知识和爱护人才，他待人诚恳，善解人意，每当发现人际隔阂或谁有了什么问题或疙瘩，他总会说："我来找他谈谈。"于是，他就或邀请对方到自己家里谈心，或由他登门造访去交谈。他决不说教，也决不批人，而是互相谈心，循循善诱加以开导，很能解决问题。这样，大家对他就非常敬重和爱戴，亲切而又尊敬地称他为"望老"。有些难题，只要由望老出面，就会得到协调，取得满意的效果。

望老，在大家的心目中，的确是一位德高望重的老前辈。

1957年4月,前苏联国家元首伏洛希洛夫访问上海,陈望道参加了在中苏友好大厦举行的盛大欢迎晚宴

1956年10月,率中国大学校长代表团赴德意志民主共和国考察访问,参加东德"格莱爱夫斯代尔脱"大学建校五百周年庆祝活动

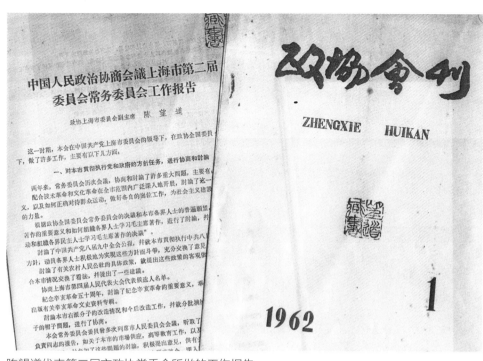

陈望道代表第二届市政协常委会所做的工作报告

1963年9月，陈望道在阅读民盟机关刊物《中央盟讯》

1957年9月,陈望道(右二)在复旦大学工会俱乐部小礼堂接待印度副总统萨瓦帕列·拉达克里希南,图中自左至右为杨西光(复旦副校长兼党委书记)、郭沫若(人大副委员长)、陈望道校长和曹荻秋(上海市副市长)

陈望道（二排左二）随全国人大代表团赴越南访问

1961年5月1日,毛泽东出席上海各界庆祝五一国际劳动节联欢晚会,与陈望道(前排左三)、周谷城(前排左一)等亲切会谈

1958年，陈望道（前排左六）率上海市政协参观团赴江西革命老区参观学习时留影

1965年11月,陈望道(左二)在上海市政协四届二次会议主席台上

## 36 "我信仰马克思主义"

1966年夏,"文化大革命"的风暴席卷而来。

陈望道作为校长,运动一开始就遭到炮轰:"反动学术权威""大学阀""叛党"(指他早年退党)等帽子向他飞来;造反派组织到他家——国福路51号破"四旧",采取"革命行动";砸了他创办的语言研究室,研究室成了清队办公室和审查对象的隔离室;把他主编的《辞海》(未定稿)打成是集封资修大成的大毒草,等等。他的工作权利和相关待遇也被剥夺,被集中到"老复旦学习班"和"抗大学习班",住进了"集体宿舍"——教室里打地铺。他是学习班里年纪最大的一员,为了不拖累和麻烦别人,他尽量自己照料好自己,不使自己的行动显得太迟钝。过了一段时间,红卫兵们也许考虑到他年岁高、又有病,就准许他晚上可以回家住。这样,他从"全托"变成了"半托",每天挂着拐杖上学习班报到,参加运动。据说,当时中央有过指示,并且是周恩来总理下达的指示,上海的几位著名人士宋庆龄、金仲华、陈望道等属于保护对象——也许是这个缘故吧,对陈望道的冲击也就没有继续升级。

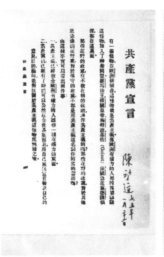

1975年1月,陈望道在赴京参加第四届全国人民代表大会期间,在北京图书馆珍藏的《共产党宣言》1920年9月版的内页上签名

1970年春夏之交,一天上午,八十岁的陈望道照例到学校参加活动时,跌倒在老教学楼的台阶上,诊断为轻度中风而送往华东医院治疗。此时有关部门恢复了他原先的一些待遇。庆幸的是,他康复得比较好。

1972年,陈望道被批准复出工作,以上海市政协副主席的身份参与外事接待和有关社会活动。同年12月,又予以复旦大学革委会主任的名义。

此时,他多次接受记者采访,并向海外传播他的言论文稿,呼吁海峡两岸早日走向统一。

1973年8月,中国共产党第十次代表大会召开前夕,陈望道的名字列于代表名单。

原来,他是1957年6月重新回到党内的。当时,陈望道表达了要求重新回到党内的愿望,汇报到中央,据传毛泽东说:"陈望道什么时候想回到党内,就什么时候回来。不必写自传,不必讨论,可以不公开身份。"不过,陈望道还是郑重地提出了申请。1957年5月31日,中共上海市委向党中央呈送了关于吸收陈望道入党的请示报告。而中共中央组织部即于6月19日由中央主管组织工作的邓小平签署批复:"同意上海市委接受陈望道入党的意见。"这样,他回到了党内。根据有关历史的和现实的情况,没有公开他的党员身份。他接受组织的决定,按照党的需要进行工作。

这时,陈望道的党员身份正式公开,他作为一名正式代表参加了在北京召开的"十大"。

陈望道,他参与了党的创建而后又长期脱离组织,但对党的信念和感情又是那么深刻和厚重,在耄耋之年能出席党的代表大会,他心灵的激荡是难以言表的。出席"十大"回来,中国新闻社记者采访了这位八十三岁高龄的老同志,他深情地道出了自己的心声:"活着一天,就要为党工作一天。"

有一次陈望道参加接待了一个欧洲国家的代表团,外宾问他,那时候怎么会翻译《共产党宣言》的,他回答说:"五四"运动时代,大家都关心国家的命运,许多人在寻求中国社会怎么发展的方向。当时有各种各样的新思潮涌进来,有无政府主义、工团主义,以及其他一些名目的主义,还有影响比较大的马克思主义。我信仰马克思主义,所以就把它翻译介绍进来,供大家研究。

的确,陈望道自从青年时代接受马克思

国福路 51 号陈望道故居（1956—1977）

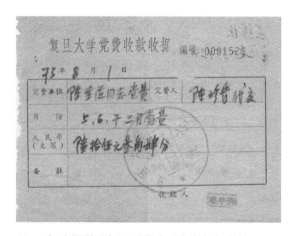

1957年陈望道重新回到党内后向党组织缴纳党费的收据

在乱云飞渡的日子里,陈望道对党对社会主义的坚定信念始终不变(油画,周方白绘)

1972年,陈望道(右二)复出工作后与苏步青(左三)、谈家桢(左二)、蔡祖泉(左一)和刘洁(右一)在一起

主义以后，他的信仰也就矢志不渝了。

1975年1月，他抱病赴北京参加第四届全国人民代表大会，并被选为本届全国人大常务委员。大会结束后，他在北京逗留了数日，同胡愈之、沈兹九夫妇和陈此生、盛此君夫妇叙晤，同北大校长周培源等一些老朋友叙晤。大家十年不见了，这时执手相看都已鬓发苍苍，垂垂老矣，而美好的回忆又使大家仿佛年轻起来。盛此君女士问陈望道："陈先生，你当年用一百张旧报纸烧神仙鸡的事，还记得吗？"他笑着说："是啊，每个人都可以写一本书！"

陈望道不就是用自己生命的笔墨，为我们撰写了一本有价值的书吗？

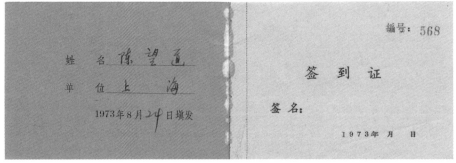

陈望道参加中国共产党第十次全国代表大会的出席证和签到证

《共产党宣言》第一个中文全译本的翻译者陈望道,与毛泽东相识于20年代初,毛泽东很尊重他为中国革命作过的贡献。解放后,毛泽东不仅关心他的学术研究,更从政治上给予无微不至的关怀。1957年,陈望道被党中央直接吸收重新入党,焕发了他新的活力。直到生命即将结束,陈望道仍然铭记着毛泽东的关怀之情(引自《毛泽东在上海》)

## 37

# 秋天的喜悦

复旦第九宿舍最南面,国福路51号的小园里,阳光明丽,草地青青。一位老人坐在躺椅上,两个小男孩在嬉耍。老人脸上绽开着笑容。

这是陈望道和他的两个小孙子在一起。老人非常宠爱两个小孙孙。孩子的名字都是他起的,大的叫晓明,小的叫晓帆——取自他的原名"明融"和早年所用的"晓风"和"雪帆"两个笔名中的字。寄寓之意,不言自明。

两个活泼可爱的小孙子,给迟暮之年的陈望道带来了生活的乐趣,也可以说是一种秋天的喜悦:他见着了自己家庭的园地里产生的希望之果。

1964年夫人蔡葵的去世,1966年"文革"的冲击,曾经使老人的生活显得有点寂寞凄清,幸好一直有儿子振新为他悉心料理生活,照顾身体。——振新原是他大弟弟伸道的长子,自幼过继给他,他和蔡葵夫人悉心养育栽培,一家三口其乐融融。母亲去世,家庭生活的安排和父亲保健的责任都落在振新的肩上——父子俩相依为命度过了一段艰难的岁

夫人蔡葵（又名蔡幕晖）教授病逝后，陈望道珍藏其生前习字墨稿并题词纪念

月。振新于 1969 年与苏州姑娘朱良玉成亲，接着又添了孩子，家里有了生气，有了喜气，陈望道也就享受着含饴弄孙的天伦之乐。

平日里，年过八旬的他，也还是手不释卷，思考学术问题。在他的一再要求下，自 1972 年秋起设在他家楼下的语言研究室开始部分地恢复工作，他常常到研究室坐坐，谈谈，讨论讨论。

他常到院子里散步，有时见到住在前一幢楼里的苏步青教授在灌溉花草，他会走过去聊上一会儿。有一次他走回来笑着告诉研究室的同志，他刚去向苏先生请教了一个数学问题——那时，他正在定稿出版跟数量有关的"单位词"的著作。

1956年，陈望道一家合影于上海王开照相馆

1998年,陈望道的儿子陈振新教授偕夫人朱良玉合影于美国伯克莱大学校园内

含饴弄孙:陈望道和孙子晓明在寓所前

陈望道笑眯眯地看着孙子晓明在走路,时为 1972 年夏天

少年时代的晓明和晓帆

芝兰玉树喜成材：左为陈望道的长孙晓明，现为美国CAT公司主任高级工程师；右为陈望道的次孙晓帆，现为华东民用建筑设计院工程师，注册建筑师；站在石墩上的是晓明的儿子陈禹肜。2003年早春，合影于希望的热土——上海浦东新区

## 38

## 深情怀念周恩来

1975 年春天过后，陈望道的健康状况一直不太好，只得住进华东医院养病。

看书读报是每天的功课。有一段时间，还常常读毛主席诗词的英译本。

老习惯，每天都要沏龙井茶喝。在医院菜单上他最喜欢点鱼饼、葱花油煎老豆腐、蒸蛋白这些菜。晚饭前常要走一走。旁边病房住着著名的宗教界人士吴耀宗，二老也常常互相问候致意。

1976 年春夏之交，陈望道病情骤然加重，由急性肺炎转尿毒症，医院发出了病危通知。后经专家会诊，医务人员全力救治，经历了两个月光景，终于转危为安。入秋之后，逐渐康复。11 月下旬的一天，学校里给住院的他转来一封信，信封写着"陈望道同志亲收"，是由北京邮政1702 信箱寄来的。打开一看，原来是邓颖超的来信。信上写着——

陈望道同志：

你的短笺和著作，早已收到。谢谢你。并希谅迟复。

1954年，周恩来总理任命陈望道为华东行政委员会高等教育局局长的任命通知书

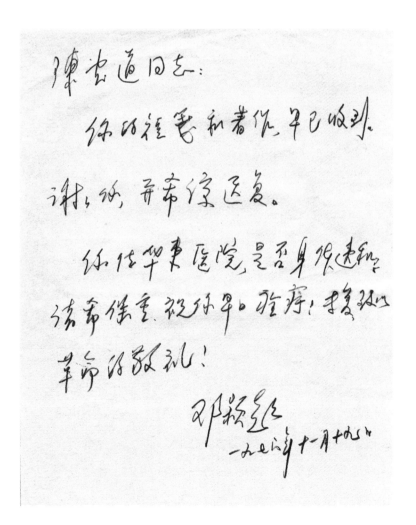

邓颖超给陈望道的来信

你住华东医院,是否身体违和?请希保重,祝你早日痊愈!

专复 致以革命的敬礼!

邓颖超

一九七六年十一月十九日

邓颖超信里所说的"著作",是修订后 1976 年再版的《修辞学发凡》。《发凡》重新修订出版后,陈望道寄赠给了邓颖超,并写信问候。读着来信,陈望道激起了对周恩来的深深缅怀。

他想起 —— 在抗战时期的重庆与周恩来的第一次见面。当时,周恩来在八路军驻渝办事处工作,希望跟复旦大学的民主人士会面,但考虑到当时重庆国民党特务横行,怕给他们带来麻烦,就先托人捎信询问前去看望大家是否方便。陈望道等人毫不犹豫地作出回应:请转告周先生,我们欢迎他公开来。鉴于当时环境的险恶,周恩来把会见安排在复旦附近的北温泉。那天,周恩来偕同邓颖超一起跟复旦的进步教授会面,并共进午餐。陈望道第一次见到周恩来夫妇,很敬佩他们的革命风采。

他想起 —— 1949 年 7 月,中华全国文学艺术工作者代表大会在北京召开,周恩来在会议上作了政治报告。他在报告前向大家表示欢迎,说这次很多老前辈都来了,特别提到了陈望道,并招呼说:"陈望道先生,我们都是你们教育出来的!"周副主席对他和前辈的尊重,令他感

陈望道寄赠给周恩来、邓颖超的 1976 年版《修辞学发凡》

1977 年 10 月出版的《敬爱的周总理我们永远怀念您》一书中收入的《深切的怀念》,是陈望道一生所写的最后一篇文章

受到这位伟人的谦逊而激动和鼓舞。

他想起——参加人大、政协和有关活动多次跟周总理见面或交谈。记得,有一次周总理还和他用英语交谈有关《共产党宣言》翻译中的问题。还记得,是1960年一次会面时跟总理谈了自己关于语言研究必须中国化的想法,总理仔细听取了他的意见,并勉励他对这个问题继续深入探讨。

他想起——1972年自己刚复出工作时应邀到上海虹桥机场迎接第一次访华的美国总统尼克松,他正排列在迎宾的队伍中,先已在此等侯的周总理望见他就疾步走来握手问候,并当即对礼宾司的负责人说:"陈望道先生年岁已高,以后不要让他来迎送国宾,只需请他直接到宾馆参加接见就可以了。"他连忙笑着回话:"不妨事,不妨事的,我体力还行。"周总理的体贴、关怀像一股暖流温暖着他整个的身心。

他想起——1975年1月参加第四届全国人民代表大会,聆听了周恩来总理所作的政府工作报告,报告中提出了我国实现四个现代化和使国民经济的发展走在世界前列的宏伟目标,备受鼓舞。1975年3月又到北京出席四届人大常委会,得知周总理因健康不佳不能和大家见面,他心中很是焦急、忧虑。一散会忙向邓颖超那里走去,同她握手问好,正想请她转达对总理的问候,话还没有来得及出口,许多人一下子纷纷围了上来,向她致意,关切地询问总理的病情。他就在心中默默祝福着周总理早日康复。

……

1977年1月,周总理逝世一周年之际,陈望道在病床上写作《深切的怀念》一文(刊《文汇报》1977年1月15日),抒发了自己对周总理的感激、爱戴、缅怀的深情。这是他一生所写的最后一篇文章。

## 39

## 在党旗下安息

陈望道以唯物主义的态度对待人生。1976年病情危重之时,他意识到自己生命的里程行将完成,需要对自己的身后事作个交代。

当时,市领导、校领导常不断有人到医院来看望,他们总要问陈望道还有什么要求,请尽管提出来。而他总是这样回答:我个人没有任何要求,只是希望把复旦的户口划归市区,学校周边的环境加以改善。有一次还特地请校领导来谈了三点:一是他再三表明个人的确别无所求,希望学校继续做好争取复旦户口归属市区的工作;二是他着重谈了对学科发展的想法,当时有人提出可以把语法和修辞两门学科合并起来,他认为这两门学科有各自的研究对象和任务,不应合并也无法合并,复旦在这两门学科的研究方面都有自己的传统和成就,希望学校在今后学科发展中要重视这两门学科的不同特点,让语法学和修辞学都能得到健康的发展;三是向组织表示,自己一生教书,别无财产,只是爱好读书,留有数千册藏书,愿意悉数捐赠学校图书馆,作个留念。

他对儿子、媳妇说:我们也是个革命家庭,两个孩子还小,从小就要

新华社发布"陈望道同志追悼会在上海举行"的消息

好好教育他们，让他们健康成长。你们自己也一定要好好进步。

这就是陈望道的遗嘱。

1977年10月24日晚饭时分，护士端上一碗馄饨，他才吃了一口，就吐了出来，摇摇头说："我吃不下了。"这竟成了他一生中的最后一句话。

不一会儿，他就呼吸急促，脸色骤变。医务人员奋力抢救。10月28日开始进行人工呼吸。病情危急。

1977年10月29日凌晨4时，他的心脏停止跳动——八十七岁的陈望道走完了他人生的里程，与世长辞了。

11月5日，陈望道追悼会在上海龙华殡仪馆大厅举行。

他的骨灰安葬在龙华革命公墓。

1980年1月23日，中共上海市委根据中共中央的指示，在龙华革命公墓郑重举行仪式，为陈望道骨灰盒覆盖中国共产党党旗。

他，在党旗下安息。

他的精神，他的风范，他的功业，他的英名，将为人们所永远缅怀，永远纪念。

复旦大学和上海各高校师生送别敬爱的陈望道老校长

1991年1月,上海各界人士纪念陈望道先生诞辰一百周年大会在上海市政协隆重举行。主席台右排第三人为中共上海市委副书记陈至立,第二人为苏步青教授。左排第四人为复旦大学校长华中一

复旦大学图书馆制,《陈望道校长赠书清册》,合计91页,赠书2400余册

陈望道的骨灰盒上覆盖着鲜红的党旗。陈望道同志在鲜红的党旗下安息

# 40 典型永存

陈望道留下了一宗宝贵的精神财富和学术财富。

他逝世后,学界对他的革命事迹、学术思想、教育功业展开了广泛的研究,社会各界举行了多次的纪念活动。

陈望道著述编译的成果丰硕,经搜集编辑,已经出版了——

《陈望道文集》四卷(上海人民出版社,1979年10月至1990年12月)

《陈望道语文论集》(上海教育出版社,1980年8月)

《陈望道修辞论集》(安徽教育出版社,1985年7月)

《陈望道论语文教育》(陈光磊、李熙宗编,河南教育出版社,1989年7月)

《陈望道译文集》(陈光磊、陈振新编,复旦大学出版社,2009年10月)

《恋爱 婚姻 女权——陈望道妇女问题论集》(陈光磊、陈振新编,复旦大学出版社,2010年12月)

《陈望道全集》(十卷本)(主编:池昌海 副主编:陈光磊、陈振新,浙江大学出版社,2011年5月)

1995年5月27日,复旦大学九十周年校庆之际,陈望道铜像揭幕仪式在复旦大学校园内隆重举行,夏征农同志在揭幕仪式上深情满怀地致辞

2001年,纪念陈望道先生诞辰一百一十周年学术座谈会在上海隆重举行

1982年6月8日至10日，中国修辞学会、复旦大学联合举办"纪念《修辞学发凡》出版五十周年学术座谈会"，来自全国各地与会者百余人。会议编有论文集《〈修辞学发凡〉与中国修辞学》（复旦大学出版社，1983）。

1987年10月29日，陈望道逝世十周年，复旦大学在文科图书馆大厅举行陈望道铜像落成典礼。

1991年1月17日，上海市政协、民盟上海市委、上海市文联、上海市社联和复旦大学，在市政协江海厅举行上海市各界人士纪念陈望道先生诞辰一百周年大会。上海市党政领导和各方面代表人士发表讲话，盛赞陈望道一生的革命精神和文化教育功业。

1月18、19日，上海市社联、上海市语文学会、华东修辞学会和复旦大学中文系、复旦大学中国语言文学研究所、复旦大学新闻学院联合举行"陈望道学术思想研讨会"，来自全国各地学者一百二十余人提交论文八十多篇。

会后复旦大学语言文学研究所编辑出版了纪念文献：《陈望道先生诞辰一百周年纪念文集》（学林出版社，1992）和《语法修辞论——纪念陈望道先生诞辰100周年论文集》（浙江教育出版社，1994）。

1995年复旦大学九十周年校庆，为陈望道铜像坐落校门内西南草苑，举行隆重仪式。

1997年10月，复旦大学举行陈望道先生逝世二十周年纪念会。

2001年，上海市社联、上海市语文学会举行纪念陈望道先生诞辰一百一十周年学术座谈会。

2002年10月，华东修辞学会、复旦大学语言文学研究所在复旦大学联合举行《修辞学发凡》出版七十周年学术座谈会。

复旦大学陈望道先生诞辰 120 周年座谈会现场

为纪念陈望道先生诞辰 120 周年复旦师生代表列队向陈望道夫妇纪念像献花

2018年5月3日《共产党宣言》展示馆(陈望道旧居)整修后对外开放。图为上海市委书记李强(左三)、复旦党委书记焦扬(右一)和校长许宁生(左一)接见陈望道家属陈振新、朱良玉后合影

2019年,浙江义乌陈望道故居被列为国家级文保单位

2005年5月,由复旦大学和上海市文物管理委员会主办、复旦大学党委宣传部和上海鲁迅纪念馆承办的纪念陈望道诞辰115周年活动在上海隆重举行。

27日上午,鲁迅纪念馆举行"陈望道同志诞辰115周年纪念展"开幕式和"陈望道同志诞辰115周年纪念座谈会",计百余人与会。下午,于复旦大学举行"纪念陈望道同志诞辰115周年学术研讨会",与会学者就"《共产党宣言》与马克思主义中国化""陈望道与新闻学"以及"陈望道与修辞学、语言文字学"三个主题展开学术研讨。会议期间,由上海鲁迅纪念馆编辑、复旦大学出版社出版的《陈望道先生纪念集》同时首发。

2010年12月4—5日,纪念陈望道诞辰120周年暨中国修辞学会成立30周年学术研讨会在复旦大学举行。

2011年1—11月,在上海、杭州和义乌举行了纪念陈望道诞辰120周年系列活动。

1月18日,青浦福寿园举行了纪念陈望道先生诞辰120周年祭扫仪式;5月23日,复旦大学举行了纪念陈望道先生诞辰120周年上海媒体采访座谈会;5月26日上午,鲁迅纪念馆"陈望道先生诞辰120周年纪念展"开幕,下午复旦大学举行了纪念陈望道先生诞辰120周年座谈会。

5月,《陈望道全集》十卷作为"浙江文献集成"之一,由浙江大学出版社出版。

6月18—19日,在杭州和义乌举行"陈望道与《共产党宣言》——纪念中国共产党成立90周年暨陈望道诞辰120周年学术研讨会",研讨会由中共中央党史研究室第一研究部、中共中央编译局马列部、杭州师范大学和中共义乌市委联合主办,横跨杭州、义乌两地。

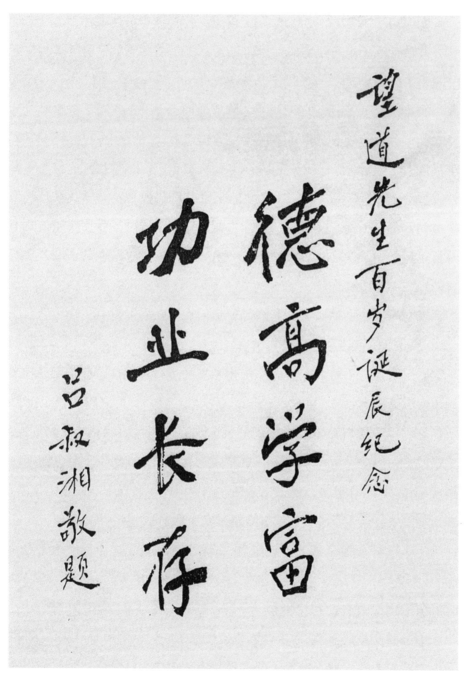

吕叔湘教授为纪念陈望道先生诞辰一百周年的题词

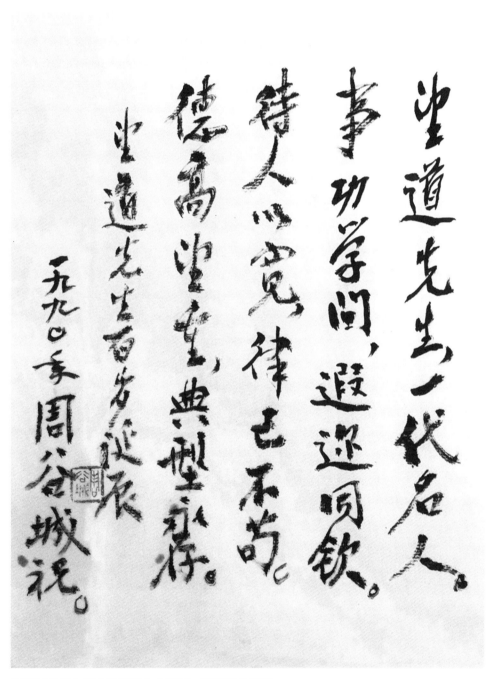

周谷城教授为纪念陈望道先生诞辰一百周年的题词

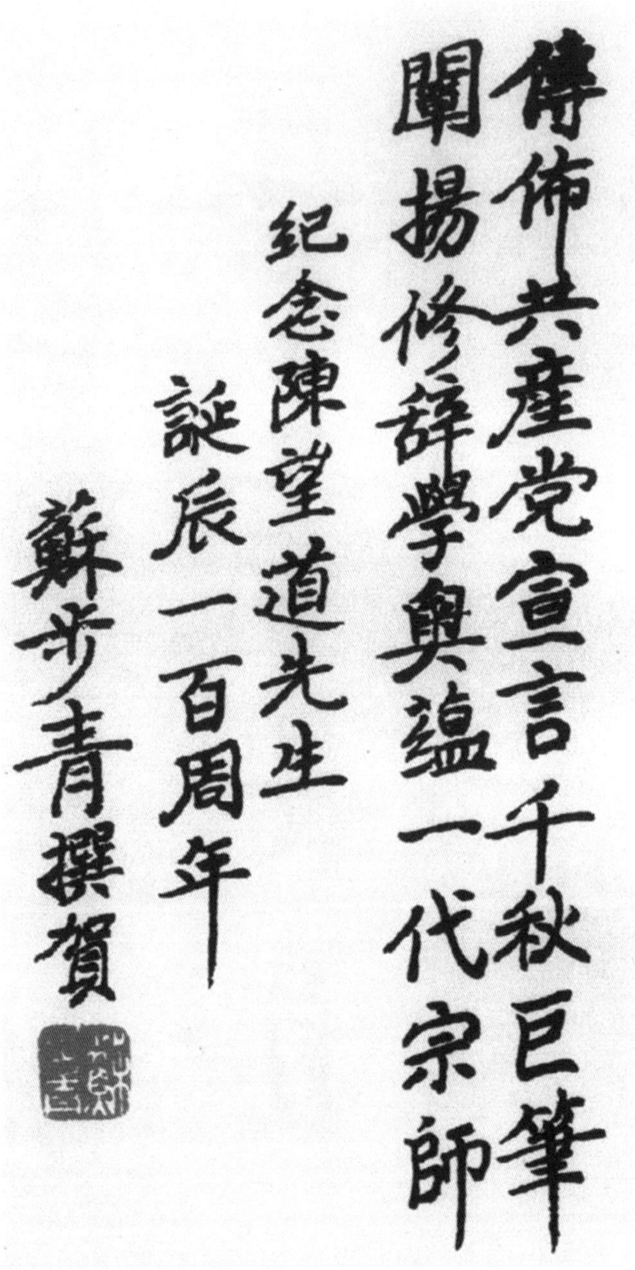

传佈共产党宣言千秋巨笔
阐扬修辞学奥蕴一代宗师
纪念陈望道先生
诞辰一百周年
苏步青撰贺

我国新文化运动先驱者之一
陈望道同志百岁诞辰纪念
后学 夏征农

苏步青教授为纪念陈望道先生诞辰一百周年的题词

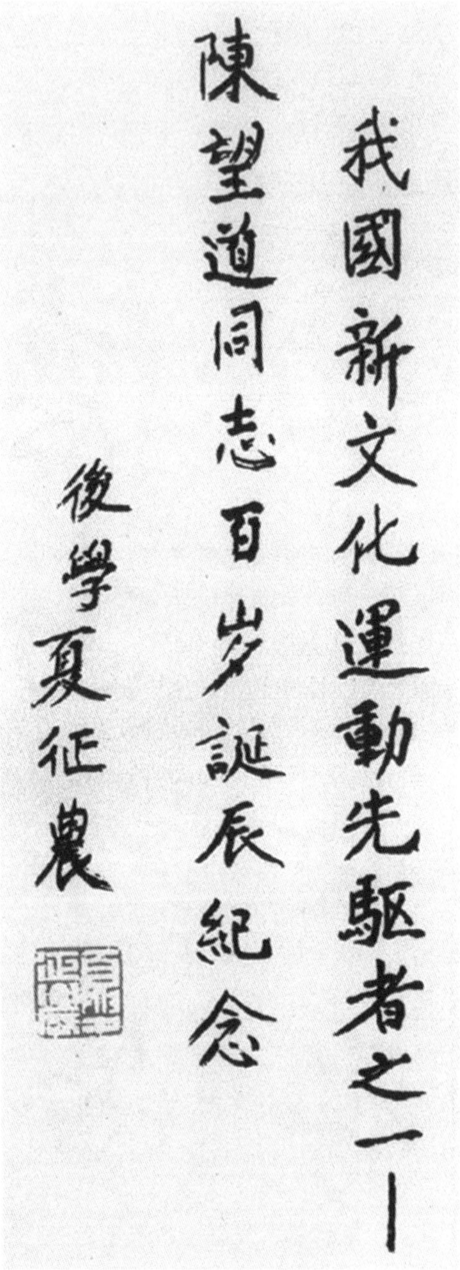

原上海市委书记、复旦大学党委第一书记
夏征农同志为陈望道百岁诞辰纪念的题词

11月17日，陈望道故居"复旦大学共产党员教育基地"挂牌仪式和义乌市望道中学启用庆典活动同时举行。

上述纪念活动的成果汇编于《千秋巨笔 一代宗师——纪念陈望道先生诞辰120周年》（复旦大学出版社2013年）。

2017年3月28—30日，陈望道先生逝世40周年纪念活动在上海举行。

3月28日上午，由复旦大学和复旦大学校友会主办、上海福寿园人文纪念公园协办的"我尝到了信仰的味道——纪念著名翻译家陈望道先生逝世40周年"祭扫活动在青浦福寿园人文纪念公园内举行；下午，复旦大学、民盟上海市委、鲁迅纪念馆和复旦大学任重书院赴青浦举行祭扫活动。

3月30日，义乌市党政领导专程赴青浦举行祭扫活动。

2018年5月，复旦大学《共产党宣言展示馆》（陈望道旧居）对外开放。

有位哲人说过：一个人精神上的伟大，距离愈远则愈见其大。

诚然，陈望道作为一位革命的学者，他的精神愈是经历时间的洗练，将愈会焕发出其光彩，彰显出其辉煌。

# 重印后记

《追望大道——陈望道画传》曾于2005年列入上海市政协策划、编纂的"上海现代名人画传"书系，由上海书店和复旦大学出版社联合出版。当时本书的编撰和刊行得到了前上海市政协副主席王荣华先生、复旦大学吴立昌教授和上海书店完颜绍元编审的热情支持和帮助，于此谨致谢忱！

这次复旦大学出版社重印出版本画传，我们作了一些修订，主要是对《画传》的内容和图片有所增添和调整，再则也订正了若干讹错。同时，也在此作一说明：《画传》的文字撰述，主要由陈光磊执笔；图片编排主要由陈振新负责。我们衷心希望和欢迎读者对我们的编撰工作加以批评指正。

陈望道先生翻译出版了《共产党宣言》的第一个中译本，参与了中国共产党的创建，他一生追求民主、科学、进步。他对现代中国的社会革命、新文化运动、学术发展和教育事业作出了不可磨灭的贡献。这本《画传》对先生丰富多彩的人生事迹作了概略的叙述，并以较多的照片图像加以形象地展示。我们相信，先生的坚定信仰、人格魅力和崇高精神所铸就的光辉典型,将会永远教育和鼓舞着后来者勇于奋进。

  《画传》重印本的修订工作得到复旦大学出版社领导、责编和美编梁业礼先生以及档案馆刘晓旭女士的辛勤帮助,谨向他们致以衷心的感谢!

作 者

二〇一九年元月十八日

图书在版编目(CIP)数据

追望大道:陈望道画传/陈光磊,陈振新著. —上海:复旦大学出版社,2020.5(2021.5重印)
ISBN 978-7-309-14880-0

Ⅰ.①追… Ⅱ.①陈…②陈… Ⅲ.①陈望道(1890–1977)-传记-画册 Ⅳ.①K825.46-64

中国版本图书馆 CIP 数据核字(2020)第 027142 号

**追望大道:陈望道画传**
陈光磊　陈振新　著
出　品　人/严　峰
责任编辑/李又顺

复旦大学出版社有限公司出版发行
上海市国权路 579 号　邮编:200433
网址:fupnet@fudanpress.com　http://www.fudanpress.com
门市零售:86-21-65102580　团体订购:86-21-65104505
出版部电话:86-21-65642845
上海雅昌艺术印刷有限公司

开本 787×1092　1/16　印张 16.25　字数 177 千
2021 年 5 月第 1 版第 3 次印刷

ISBN 978-7-309-14880-0/K·719
定价:158.00 元

如有印装质量问题,请向复旦大学出版社有限公司出版部调换。
版权所有　侵权必究